VOCÊ TAMBÉM PODE BRILHAR

ALÉM DOS PALCOS

VOCÊ TAMBÉM PODE BRILHAR

ALÉM DOS PALCOS

TUDO O QUE VOCÊ PRECISA SABER E FAZER PARA INICIAR SUA CARREIRA NOS BASTIDORES DA DANÇA, MÚSICA, MODA, TEATRO, TELEVISÃO, TEATRO MUSICAL, CINEMA E MUNDO DIGITAL

MARCELO GERMANO

Coordenação geral: Cíntia Calizotti e Eduardo Viegas Meirelles Villela

Coordenação editorial: Eduardo Viegas Meirelles Villela

Revisão de texto: Leonardo Mourão e Joaquim Maria Botelho

Produção gráfica: Sandra Scapin

Foto de capa: Ber Sardi

Arte de capa: Ton Vicentini

Direitos das imagens do caderno de fotos: MGT Promoções e Eventos, Felchak Produções, Escola Internacional de Cinema e Iara Pereira

DADOS INTERNACIONAIS PARA CATALOGAÇÃO NA PUBLICAÇÃO (CIP)

Bibliotecária Juliana Farias Motta CRB7/5880

G373v Germano, Marcelo

Você também pode brilhar: além dos palcos [...] / Marcelo Germano. -- São Paulo : São Paulo, 2019.

256 p. ; 16 cm × 23 cm .

ISBN: 978-65-80707-00-3

1. Orientação profissional. 2. Carreira artística. 3. Profissões - desenvolvimento. 4. Artistas. I. Título.

CDD 700.83

Índice para catálogo sistemático:

Orientação profissional
Carreira artística
Profissões - desenvolvimento
Artistas

Sumário

Uma primeira palavra

Este livro que você irá ler é uma obra de cunho educacional. A ideia desenvolvida aqui por Marcelo Germano é esclarecer, de forma detalhada e didática, qual é a forma mais segura e eficaz para que os pais de menores de idade orientem e conduzam a carreira de seus filhos no universo das profissões de bastidores artísticos. Há pouco conhecimento sobre como esse mundo artístico funciona, sobretudo para jovens talentos que ainda não atingiram a idade adulta.

Portanto esta obra aborda várias aspectos e possibilidades que surgem nessa área destacando, em cada uma delas, quais as melhores decisões a serem tomadas para garantir a esses jovens uma vivência sadia e idêntica à de outras crianças, adolescentes e jovens que não estão nesse mundo artístico.

Este livro afirma, ainda, a importância fundamental e insubstituível dos estudos regulares para a formação de futuros profissionais atuantes nos bastidores das artes. Em nenhum momento essas crianças, adolescentes e jovens devem deixar de lado seus estudos, caso dediquem parte de seu tempo ao universo artístico. Apenas frequentando escolas formais, eles poderão tornar-se pessoas capazes de, no futuro, aplicarem seus conhecimentos no âmbito profissional e pessoal, aperfeiçoarem seu caráter, tornarem-se cidadãos autônomos, conscientes de seus direitos e dos direitos dos outros, e poderem usufruir, em pé de igualdade com os demais, de todas as oportunidades que a sociedade possa lhes proporcionar.

Da mesma maneira, esta obra reforça o papel único que as famílias têm na criação de um ambiente em que essas crianças, adolescentes e jovens recebam amor, proteção, carinho, encorajamento, bons exemplos e as condições materiais necessárias para que tenham uma vida feliz, livre de pressões e na qual seus limites físicos e psicológicos pertinentes à sua idade sejam respeitados.

Em vários momentos neste livro são feitos alertas e sugeridos cuidados preventivos para que sejam evitadas as ações dos chamados charlatões, empresas e pessoas que visam explorar o trabalho infantojuvenil e se esforçam para enganar pais e seus filhos com falsas promessas e intenções espúrias.

Agradecimentos

Acredito muito em Deus, e sempre acreditei em anjos. Na minha caminhada, essas crenças foram confirmadas nas muitas vezes em que pensei estar prestes a desistir dos meus sonhos e dos meus objetivos. Nesses momentos, sempre me deparo com muitas pessoas especiais em minha vida. E tenho gratidão por elas.

Quero agradecer aos meus filhos – Eduarda, Ian e Aira –, que são a minha inspiração em acordar todos os dias e dar o meu melhor. À minha esposa, Simone Calizotti, que é o meu alicerce, a base da minha empresa, e a minha parceira desta vida, na qual, juntos, estamos construindo uma família linda nos valores de Deus.

A todos os meus colaboradores do Grupo MGT, que me auxiliaram em minhas pesquisas e no detalhamento de cada conteúdo para que conseguíssemos trazer o melhor para o nosso leitor. Aos nossos entrevistados, citados neste livro, que, com sua experiência de vida, estão colaborando de forma importante para que os nossos talentos encontrem o seu propósito de vida.

À minha mãe, Tânia, que me deu, além dos valores de honestidade, a liberdade de decidir pela profissão que eu amava.

Ao meu falecido pai, Jaime Renato. Sua experiência de ator plantou uma semente em meu coração que permitiu que eu pudesse continuar sua caminhada de maneira íntegra.

Aos meus pastores, Ely Torresin, Joana e Marcos André. Nos momentos mais difíceis da minha vida, são eles a base espiritual para que eu não ande sozinho e saiba ouvir sempre a voz de Deus.

Aos meus parceiros de trabalho, Eduardo Villela e Leonardo Mourão, incansáveis em sua dedicação comigo e em me auxiliar na construção do conteúdo e estrutura deste livro.

Agradeço à minha cunhada e diretora artística, Cíntia Calizotti, que esteve à frente deste projeto e que abre mão dos seus próprios sonhos pelos meus. Que Deus a abençoe fortemente! Cíntia, uma menina que apareceu em minha vida para ficar e fazer a diferença. Conhece e consegue ler a minha alma e está alinhada com a minha verdade. Agradeço do fundo do meu coração pelo carinho e dedicação a esta obra.

Por fim não poderia esquecer de agradecer aos pais e talentos com os quais tenho contato todos os dias e são a razão de existir do meu trabalho. Se este conteúdo, que é para vocês, conseguir de alguma forma fazer a diferença na vida de alguém, nossa missão estará cumprida!

Agradeço a Deus por me proporcionar mais um momento lindo em minha vida. Sou um instrumento dele. Faço tudo por ele!

Hoje, já não ando mais sozinho. E posso dizer que isso faz uma grande diferença em minha vida.

Prefácio

por Betulla Vicentino[1]

Neste livro Marcelo Germano mostra a outra parte do iceberg, e as infinitas possibilidades de carreira nos bastidores das artes. Compartilhando sua experiência em meio aos holofotes, junto de grandes artistas nacionais, Marcelo desvenda segredos, que não costumam ser compartilhados fora do meio.

O livro revela o caminho para os jovens que desejam se inserir no meio artístico, e mostra que existem várias formas de atuar profissionalmente no cinema, na música, na dança, na moda... enfim, na arte. Revela ainda que o universo artístico é muito maior nos bastidores e que são inúmeras as possibilidades que essa nova geração pode conhecer e escolher como carreira profissional.

É excelente oportunidade de leitura para os pais que, além de os ajudar a conhecer e entender o universo no qual seus filhos querem se inserir, acalmará as expectativas da família.

1 Betulla Vicentino trabalha nos bastidores do universo da moda e é especialista em visual merchandising de varejo de moda.

Marcelo Germano é um homem com carreira artística pulsante nas veias. Seu pai, o icônico Jaime Renato, personagem do programa "Planeta dos Homens", foi uma das inspirações que forjaram esse homem de caráter e de talento.

Desfila, atua, um intérprete de primeira, Marcelo é intenso em tudo que faz. É um empresário com o dom de colaborar com o propósito artístico de cada talento. Um homem de Deus, da família e da arte. Com toda essa bagagem, só poderia gerar conteúdos interessantes, reais e práticos.

Afinal, além de sonhador, ele é um empresário da área, que conhece esse mercado artístico como as palmas das suas mãos.

Este é um livro para os curiosos, os criativos e para quem quer fazer a diferença no mundo por meio da arte!

Boa Leitura!

Introdução

Bem-vindo(a) ao maior universo de oportunidades nas artes

"De tardezinha, essa menina se namora,
Se enfeita, se decora, sabe tudo, não faz mal
Ah, como essa coisa é tão bonita,
Ser cantora, ser artista, isso tudo é muito bom!
E chora tanto de prazer e de agonia
De algum dia, qualquer dia, entender de ser feliz"

"Essa Mulher", Joyce – Ana Terra
Interpretada por Elis Regina, no álbum
"Essa Mulher", lançado em 1979, pela WEA

Quero começar este livro com uma afirmação muito honesta: não existe espaço, no mundo das artes, para todas as pessoas que querem lugar de destaque no palco, ou desejam brilhar sob a luz dos holofotes. Essa é uma verdade que todos aqueles que vivem nesse mercado conhecem, há muito tempo. Mas se é uma ilusão considerar que todos os que assim o desejam ouvirão, um dia, uma plateia lotada aplaudindo e gritando pelo seu nome, um erro ainda maior é acreditar que a única experiência feliz possível no vasto universo das artes é ser um artista que arraste multidões atrás de si.

Definitivamente não é assim. As profissões artísticas são formadas, em sua quase totalidade, por profissionais que atuam nos bastidores. Estão longe dos olhos dos fãs. Quase ninguém os vê. Mas isso pouco importa. Eles são prestigiados, admirados, cortejados e disputados pelos cantores e cantoras, dançarinos e dançarinas, atores e atrizes, modelos, influenciadores digitais e músicos que sabem que só conquistarão o seu próprio sucesso graças ao trabalho das centenas de diferentes profissões que atuam por detrás dos palcos, passarelas, cortinas, câmeras, estúdios, cenários, canais no Youtube e blogs em que são vistos pelo público.

E mais: esses profissionais dos bastidores, não raro, têm carreiras duradouras, ao contrário de grande parte dos que estão em cima dos palcos, cujo sucesso é instável e passageiro. Para os primeiros, também há a possibilidade de ganhar bom dinheiro e, talvez o melhor de tudo: sentir-se felizes e realizados com as profissões que escolheram.

Oportunidades desconhecidas

No entanto, as informações sobre as profissões de bastidores não chegam até aqueles que se interessam pelas artes e se aproximam delas com os olhos voltados exclusivamente para as funções que parecem ser as mais glamourosa, excitantes e populares. Muitos e muitos se frustram, quando esse caminho lhes é barrado. E é exatamente por saber que esse estado de insatisfação é provocado pelo desconhecimento de que o mundo artístico oferece muito mais oportunidades do que é em geral reconhecido, que decidi escrever este livro.

Os bastidores são a alma do mundo do entretenimento. Coreógrafos, publicitários, diretores artísticos, gestores de eventos, figurinistas, maquiadores, cenógrafos, sonoplastas, DJs, VJs, compositores, produtores, preparadores de elenco, estilistas, designers, digital influencers, jornalistas, produtores de audiovisual, costureiras, camareiras, iluminadores, fotógrafos... são centenas de possibilidades de trabalho. Como então alguém que ama as artes poderá se sentir frustrado de não encontrar seu lugar ao sol ao entender que há, abertos diante dele, outros caminhos que também levam a locais iluminados?

Tratarei dessas e de muitas outras ocupações nas páginas seguintes e apresentarei caminhos eficazes para que você construa uma promissora carreira nos bastidores artísticos. Além de minhas próprias recomendações e dicas, fui buscar sugestões e conselhos valiosos de profissionais bem-sucedidos nos bastidores, os quais compartilho com muito gosto com você. Posso garantir que é possível, se você procurar uma oportunidade nos bastidores das artes, experimentar grandes realizações e conseguir um trabalho digno na área artística pela qual tenha paixão. Para isso, no entanto, é preciso que você faça o que deve ser feito.

E o que deve ser feito?

Degraus do sucesso

As ocupações de bastidores exigem que sejam adquiridos conhecimentos técnicos, algumas vezes mais complexos do que os daqueles que estiverem em contato direto com o público. Explicaarei em detalhes, nos capítulos que se seguem como conquistar essa expertise. Mas antes que alguém se torne um profissional eficiente e pronto para enfrentar todas as exigências dos bastidores, a experiência mostra que é necessário vencer algumas etapas de tomada de consciência e de desenvolvimento pessoal.

Eu costumo chamar essas etapas de "degraus do sucesso". O primeiro degrau é "o chamado", quando a pessoa, às vezes ainda uma criança, experimenta a premência de ter uma experiência artística. É como se a música, ou a dança, talvez o teatro ou a passarela de moda, a chamassem, sem que ela saiba ainda o que quer de fato fazer. Vai atuar nos palcos, nos bastidores, ou nos dois?

Vem, então, o segundo degrau, que é o conhecimento. Nele, o nosso candidato ao universo artístico faz contato com outras pessoas que, como ele, foram "chamadas". Junto com elas, passa a ter informações sobre as diversas modalidades artísticas. No terceiro degrau, ele se decide pela área que o atrai com maior força, e começa a se especializar, tornar-se perito em algo. Por exemplo, na área do cinema, toma contato com dezenas de possibilidades de trabalho e decide que irá investir no cargo de diretor.

Já o quarto e o último degrau dessa escada imaginária costuma ser o mais difícil. É o momento em que aquele jovem, já com algum conhecimento acumulado em uma função de bastidor, vai se lançar ao mercado e aplicar o que aprendeu. É nesse momento que costuma surgir uma dúvida: como vou aplicar meus conhecimentos em algum espetáculo, peça teatral ou filme se o governo não está liberando dinheiro para as artes? Quem vai bancar o meu trabalho? O que estão fazendo os produtores, que não trazem apoio para os meus projetos?

Propósito e protagonismo

Considero nada produtiva essa atitude de esperar pela ajuda dos outros, de manter-se passivo e prostrado diante dos desafios, de ficar, como se diz, na "sofrência", se queixando das dificuldades no lugar de agir, correr atrás. Infelizmente vemos isso com frequência no nosso meio artístico. Sempre observei que os que superaram esse estado de semiparalisia foram os que tinham bem definido para si o seu propósito de vida e eram protagonistas da sua própria história.

Ter propósito é ter objetivo na vida: "vou dedicar a vida para cuidar da minha família"; "sou médico, vou dedicar minha vida a curar os outros"; "sou professora de balé, vou incentivar as pessoas a realizarem seu potencial artístico por meio da dança". Os propósitos podem ser restritos a nós mesmos, à nossa família, à sociedade ou a todo o planeta. Não importa o que esteja no centro do propósito, ele traz um grande ganho para a pessoa que escolhe sua missão de vida.

Você determina o seu propósito, quando entende o que existe de melhor em si mesmo e decide que vai doar essa capacidade para tornar o mundo e as pessoas melhores. Isso é muito bonito. E, pelo que sempre observei, quem tem um propósito definido transforma-se num ser melhor. E as pessoas em volta percebem isso. Acreditem em mim, quem tem um propósito consegue impactar as pessoas e ficar feliz com isso. Quem tem propósito sorri mais.

Se você tem definido um propósito, naturalmente irá desejar ser o protagonista da sua própria trajetória. O que é ser protagonista? É ser o ator principal da sua história, tomar a iniciativa, responsabilizar-se por fazer suas próprias coisas, sem esperar que alguém as faça em seu lugar. Por assumir para si a autoria de suas próprias ações, o protagonista está livre para conduzir sua trajetória. Se algo não sai como ele esperava, sua energia lhe permite olhar para si mesmo e ter a coragem de mudar sua maneira de ser e agir.

Um protagonista é capaz de conhecer bem seus limites e possibilidades, afinal ele está todo o tempo em contato com o resultado das suas ações. Não há espaço ali para queixas ou para culpar outras pessoas pelos maus resultados. Por força da sua postura, esse protagonista não encontrará dificuldade em manter o foco em seus objetivos e desenvolver seus atos com consistência e constância.

Neste livro, a partir dos vários exemplos narrados pelos entrevistados, é possível entender como ter bem definido um propósito de vida e optar por ser o protagonista exclusivo desse propósito nos torna mais bem habilitados para tirar proveito de todas as oportunidades. Isso está descrito nos capítulos que irão se seguir.

Já no primeiro capítulo, em que é apresentado o estado em que os diferentes universos artísticos, e seus bastidores, se encontram, mostro que, mesmo com as dificuldades econômicas que afligem de tempos em tempos o nosso país, as produções artísticas vêm aumentando em quantidade e qualidade. Isso, é claro, cria um número cada vez maior de oportunidades de trabalho. No entanto, verificamos carência de profissionais dos bastidores e mesmo dos palcos, o que é uma excelente oportunidade para aqueles que sabem o que querem deste mercado e estão dispostos a conquistá-lo.

O segundo capítulo aprofunda essa análise do mercado e chama a atenção para que os entrantes nessa área respondam a essas oportunidades com um "senso de urgência", um conceito que ilustro ao comentar o impacto que teve sobre mim um filme que fala da iminência da morte e da necessidade de sabermos como utilizar de maneira significativa, e com presteza, o tempo que temos ao nosso dispor. A essa recomendação de "termos pressa", somamos algumas características, descritas no capítulo três, que devem ser cultivadas por aqueles que pretendem encontrar seu lugar nos bastidores. Qualidades como disciplina, gratidão pela vida e desenvolvimento da inteligência emocional são tratadas nesse capítulo.

Os universos

A partir dos capítulos de número quatro até o décimo, iniciamos a análise específica das áreas artísticas mais dinâmicas do mercado. O primeiro desse grupo, o capítulo quatro, é dedicado ao Universo da Dança, com entrevistas com bailarinas de sucesso, como Fernanda Chamma e Ana Botafogo, que fazem um retrospecto das suas carreiras contando suas vitórias e percalços e, principalmente, esclarecendo quais os melhores caminhos para os bastidores da dança. Neste capítulo, como em todos os demais, são destacadas algumas dicas minhas para o leitor aproveitar ao máximo as possibilidades que os bastidores de todas essas áreas oferecem.

A rede mundial de computadores vem transformando de maneira profunda o Universo da Música, tema do capítulo cinco. Com o advento de mídias em streaming e o Youtube, a oferta musical tornou-se ampla o suficiente para dar uma chacoalhada em toda a estrutura desse mercado. Mas, o que talvez seja uma informação surpreendente, grupos musicais conseguem ótimo retorno financeiro ao se apresentarem em casamentos, festas e outros eventos.

O capítulo seis analisa as oportunidades no Universo da Moda, um segmento que oferece mais de 300 possibilidades de trabalho nos bastidores e vem se tornando uma indústria cada vez mais dinâmica, movimentada e lucrativa, graças às facilidades trazidas pela internet.

Os capítulos sete e oito também tratam de duas áreas afins – o Teatro e o Teatro Musical. Mesmo que esses dois universos compartilhem praticamente idênticas profissões de bastidores, suas realidades, conforme explicam os entrevistados, são bem diferentes. O teatro convencional enfrenta algumas dificuldades orçamentárias e de público, enquanto o teatro musical vive um boom raramente visto no contexto artístico brasileiro.

Embora tratados em dois capítulos distintos, o nove e o dez, respectivamente o Universo da Televisão e o Universo do Cinema, estes dois segmentos têm em comum um extraordinário crescimento de produção e oportunidades, graças às leis que obrigam emissoras de tevê a exibirem filmes e programas elaborados por produtoras independentes nacionais. Profissionais de renome das duas áreas explicam como chegar a estes mercados.

Por fim, o capítulo onze é dedicado a um segmento que, mais do que o teatro musical, vive um momento não só de expansão acelerada, mas passa por um processo de definição da sua identidade. Trata-se do Universo do Mundo Digital, no qual os conteúdos exibidos nas mídias digitais estão ainda a encontrar os seus limites. É o segmento ao qual todos os demais têm e terão de obrigatoriamente se associar, caso queiram continuar a ter acesso ao público consumidor de arte.

Você encontrará neste livro a descrição, feita por especialistas nessas diversas áreas, de boas estratégias para alcançar o sucesso nas suas ocupações de bastidores. Irá ser apresentado, também, aos vários cargos e habilidades requeridos dos profissionais para atenderem às necessidades dos segmentos. Em alguns momentos, também falarei das várias dificuldades que as profissões artísticas ainda enfrentam neste país que, infelizmente, não se sobressai exatamente pelos investimentos na iniciação artística das suas crianças.

Mas não há motivo para desânimo. Se refletirmos, entenderemos que, mesmo com desafios, às vezes duros, a arte nunca corre o risco de algum dia ser tratada como algo irrelevante. O entretenimento é uma máquina que nunca irá morrer. Precisamos de experiências artísticas, que estimulem e alimentem nossa sensibilidade, coração e alma. Ter acesso à arte é algo tão essencial para nós quanto nos sentirmos amados, nos identificarmos com a nossa cultura, sermos reconhecidos como seres relevantes.

É desse universo, tão precioso para nós humanos, que este livro trata.

O SUCESSO ALÉM DOS PALCOS

Em um dia, no final do primeiro semestre de 2017, eu me sentei com um exemplar do meu livro – "Você também pode brilhar" – nas mãos. Ele acabara de ser lançado e eu o folheava, com orgulho e satisfação, aquele que é meu primeiro "filho" de papel e tinta. Mas à medida que ia revisitando aquelas páginas, uma estranha inquietação surgia em minha mente. "Gosto do que está colocado neste livro, mas está faltando alguma coisa", pensei. Mas o que deveria estar lá, que não estava? O que eu precisava ter dito que me escapou?

Foi quando surgiu para mim uma curiosa imagem: "essa galera está pelada, está faltando roupa para a moçada". Claro, não se tratava de uma reflexão sobre a carência de vestuário para as pessoas, mas de uma alegoria. "Moçada" eram as pessoas, principalmente jovens, que têm interesse pelas carreiras artísticas. E essa galera estava como "pelada", por não saber exatamente qual caminho seguir para chegar até esse mercado artístico. As "roupas que faltavam" significam para mim a carência de orientação, de cursos e de informações necessárias para que esses candidatos a uma trajetória nas artes conheçam toda a extensão das oportunidades presentes no universo artístico. Caso eles possuíssem conhecimento sobre os caminhos a seguir, teriam acesso a dezenas, centenas, milhares mesmo de possibilidades que existem no universo artístico.

Foi dessa constatação que veio o *insight*, a inspiração, que colocou este livro em movimento. O universo artístico é muito mais amplo do que comumente se imagina. Quando olhamos para ele, em geral enxergamos apenas algumas poucas estrelas que parecem brilhar mais forte do que as outras. Elas são os modelos internacionais, aqueles músicos com milhares de fãs, atores e atrizes campeões de audiência nas novelas e filmes ou dançarinos e dançarinas de sucesso.

Mas o mundo das artes é muitas vezes maior! Há uma multidão de profissionais competentes que têm forte luz própria e são bem-sucedidos e felizes por trabalharem nos bastidores das atividades artísticas. A palavra "bastidor" tem um significado originário do teatro. Ela designa aquela parte que contorna ou fica por trás do palco e que não é vista pela plateia. Também chamado de coxia, é nesse espaço que os atores esperam a hora de entrar em cena e que os demais profissionais encarregados de produzir o espetáculo costumam trabalhar.

No seu sentido figurado, "bastidores" significa, então, todas as profissões, ações e pessoas que fazem parte não só do meio teatral, mas de todas atividades artísticas e não são, necessariamente, os artistas, dançarinos e músicos que o público vê e aplaude.

Existem, portanto, os bastidores da dança, do cinema, da indústria da moda, da música e de qualquer outra função que envolva arte. Mas qual é o tamanho desse time que se movimenta por trás das câmeras e dos palcos, comparado com o número de artistas vistos pelo público? Embora seu número varie de acordo com a área artística, podemos dizer que para cada artista que efetivamente tenha exposição pública há dezenas de profissionais que atuam diretamente nos bastidores.

Vou dar como exemplo uma modelo profissional, que faz desfiles de moda para uma grife de relevância. Para garantir aqueles poucos segundos em que ela percorre sozinha a passarela, o seguinte batalhão de profissionais é mobilizado: maquiadores; cabelereiros; produtores de figurino; passadeiras; camareiras; o produtor que organiza toda a parte de trás da passarela; o coordenador da boca de cena; o iluminador; o responsável pelo som; cenógrafo; fotógrafo; operador de câmera; estilista; costureiras; a equipe de bem-estar que faz sucos, saladinhas e providencia alimentação; pessoas que cuidam da organização dos camarins; massagistas. Isso sem contar aqueles que não ficam necessariamente no local do desfile, como assessores de imprensa; agentes; editores de vídeo; terapeutas; preparadores físicos; catering; instaladores, seguranças, motoristas, profissionais da limpeza...

Constelação de relacionamentos

Cada um desses profissionais citados, por sua vez, pode se relacionar no trabalho com dezenas de outros tipos de trabalhadores, em uma constelação de relacionamentos que vai muito além do que costumamos pensar. Muitas dessas ocupações exigem talento, esforço e formação intelectual, tanto em escolas comuns quanto em cursos livres, técnicos e superiores específicos. Algo que é muito importante saber, e em geral não é conhecido, é que essas ocupações dos bastidores costumam ser mais estáveis e duradouras do que a carreira de artistas consagrados que fazem sucesso junto ao público. Além disso, podem proporcionar tanta satisfação e dinheiro quanto aqueles conquistados pelos artistas de sucesso.

Pessoas trabalhando por trás das cenas existem desde que atores pisaram nos primeiros palcos da humanidade, há mais de 2.500 anos. A História registra até mesmo o nome de um dos primeiros diretores de espetáculos: Téspis de Icaria, que coordenava as procissões em honra ao deus Dionísio em Atenas, na Grécia. Foram esses espetáculos religiosos que deram origem tanto ao teatro como ao cinema e a outras apresentações que conhecemos hoje.

Nesses eventos, mais de vinte mil participantes se envolviam na execução dos festejos![2] Imagine a quantidade de pessoas necessárias para trabalhar nos bastidores para que um festival desse porte acontecesse? Téspis deve ter feito um bom trabalho. Isso porque, no ano 534 antes de Cristo, ele recebeu um prêmio em dramaturgia, no primeiro concurso do gênero que se tem notícia[3].

Um dos desafios que os atuais trabalhadores nos bastidores têm de enfrentar, diferentemente dos seus colegas de 2.500 anos atrás, é que a chegada da internet tornou o meio artístico muito mais versátil. A coxia ganhou muito mais agilidade. A tecnologia fez surgir novas funções e passou a exigir uma formação profissional mais afiada. Hoje, existem os canais por assinatura,Youtube, Facebook, Instagram, Twitter, nos quais a concorrência entre os produtores de arte é cada

2 Informação disponível em https://pt.wikipedia.org/wiki/Teatro_na_Gr%C3%A9cia_Antiga. Acesso em 11 de maio de 2019.

3 Informação disponível em https://en.wikipedia.org/wiki/Thespis. Acesso em 11 de maio de 2019.

vez mais acirrada. Há curtas e longas metragens, musicais, shows, pocket desfiles, influenciadores digitais, tanta coisa acontecendo em rápida sucessão.

Também o mercado brasileiro vem se expandindo com rapidez. Há cada vez mais filmes brasileiros, num ritmo de crescimento que há muito não era registrado. Musicais de porte internacional se multiplicam. Shows musicais têm cada vez mais público e o Youtube permite que até os mais jovens músicos coloquem vídeos de suas criações ao alcance de fãs em todo o planeta. As estrelas sobem e, junto com elas, os especialistas dos bastidores.

As dificuldades econômicas que afligem o país de tempos em tempos podem até tornar menos rápido esse crescimento do mercado em alguns momentos, mas a expansão das manifestações artísticas é fenômeno mundial e nada indica que irá regredir. Agora é, então, o momento de os futuros e atuais profissionais de bastidor se qualificarem bem, conhecerem e serem protagonistas das mudanças trazidas pela internet e conquistarem autoridade. Ou seja, engajarem-se em cursos, fazerem estágios, ficarem próximos a pessoas já experientes, tornando-se profissionais reconhecidos e preparados para disputar, em igualdade de condições, as oportunidades que estão surgindo.

Na zona de conforto

É urgente estudar e adquirir os conhecimentos que essas profissões dos bastidores requerem porque há um desafio pela frente: o mercado carece de bons profissionais para essas áreas. Não só para os bastidores. Faltam também atores, atrizes, músicos, enfim, pessoas que compreendam que as atividades ligadas à arte são uma ocupação que, se por um lado podem ser gratificantes tanto emocional quanto materialmente, por outo exigem uma contrapartida na forma de grande investimento pessoal para obter-se sucesso, como em qualquer outra carreira profissional.

Eu sinto que há muita gente com excelente potencial que, no entanto, fica quieta em sua zona de conforto. Essa é uma reação natural em nós. Temos medo do novo. Quando alguém propõe que façamos algo inédito, se surge a oportunidade de um curso novo ou há a possibilidade de iniciarmos um projeto interessante, ficamos receosos e achamos mais seguro permanecermos quietos em nosso cantinho. Como coisas boas podem acontecer, se agirmos dessa maneira?

O que acredito ser fundamental e proveitoso é exatamente o contrário: precisamos nos antecipar às necessidades do mundo artístico. Sair da toca, arriscar um pouco mais, tomar um gole de coragem. Se investirmos nas habilidades requisitadas pelo mercado, é provável que as oportunidades de trabalho é que venham correndo atrás de nós e não o contrário.

Eu me recordo de ter visto no Instagram, há algum tempo, um anúncio da Globo procurando profissionais que trabalhassem com 3D, uma técnica de animação que usa computadores e é capaz de dar mais realismo às imagens. A empresa enfrentava dificuldades em encontrar pessoas com os requisitos necessários para o trabalho. Não é um ótimo sinal? Isso mostra que o mercado está expandindo e que alguns profissionais estão valendo ouro.

Entretanto, é perturbador constatar que ainda há uma grande distância entre o que o mundo das artes está precisando, em termos de habilidades e competências, e a disponibilidade de profissionais preparados para atender essas demandas de mercado. Os empregadores se queixam da falta de profissionais especializados que possam acompanhar as novidades que surgem no meio artístico. Isso se torna mais preocupante quando se sabe que há cursos específicos disponíveis que poderiam formar pessoas habilitadas para preencher esses empregos. Falarei mais a respeito adiante.

Às vezes tenho a impressão de que há uma epidemia de preguiça e desinteresse em buscar novos desafios e se inteirar das novidades. Esse puxão de orelhas eu dou em mim mesmo. Algumas das mudanças tecnológicas recentes que surgiram são ainda desconhecidas também para mim. Mesmo trabalhando há mais de vinte e cinco anos no meio artístico, essa perspectiva de mudanças mexe um pouquinho com a minha área de segurança, me deixa num estado de medo, com "frio na barriga". No entanto, considero isso um bom sinal, um aviso de que tenho de buscar novos conhecimentos e, com isso, continuar meu desenvolvimento enquanto profissional do universo artístico.

Para além dos montes

Em alguns parágrafos antes, eu falei do *insight* que fez surgir esta obra. Eu dei um nome para essa inspiração: "O olhar além dos montes". Mas o que é olhar além dos montes? Significa espichar o pescoço e enxergar as oportunidades que estão para lá dessas colinas que representam nosso comodismo, nossa preguiça, nossos medos e inseguranças. De novo, eu vejo muitos jovens, mas gente madura também, que, por ausência de conhecimento, medo e inflexibilidade para com o "novo", e falta de atitude em buscar desenvolver novas habilidades e competências, param diante desses obstáculos e ficam patinando, patinando, sem sair do lugar. Não saem da rotina e por isso não ampliam seus horizontes, perdem oportunidades valiosas de carreira e negócios.

O que pretendo com este livro é, portanto, oferecer um ponto de vista amplo, do qual seja possível abranger todo o horizonte. Nessa panorâmica identificaremos oportunidades nos bastidores do teatro, música, dança, moda, cinema, televisão, circo e nas inúmeras variantes artísticas que se multiplicam no mundo digital.

Mas aqueles que se aventurarem até o alto do monte e decidirem seguir um desses caminhos, o que vão encontrar para se aperfeiçoarem profissionalmente? Há escolas, cursos, treinamento de boa qualidade aqui no Brasil? Sim, aumentou de maneira significativa a oferta de cursos para as profissões relacionadas aos bastidores. Muitos brasileiros foram para fora do país e trouxeram, na sua volta, ideias e técnicas. Isso mudou o cenário de maneira profunda.

Há poucos anos não havia muitas opções. Mas hoje temos, por exemplo, a The Biz – Escola de Artes, em Fortaleza, que oferece vários cursos, e outras tantas escolas, grupos e instituições educacionais nas capitais e centros regionais importantes que oferecem aulas de teatro, circo, canto e dança. Fico feliz em ver a rapidez com que estamos evoluindo. A todo momento vemos anúncios de workshops e mergulhos criativos na internet. Há cursos de direção artística, faculdades que oferecem formação de nível superior sobre organização de eventos.

Do seu lado, o mercado está competitivo, muito rápido. Temos a sorte de que, ao contrário de outras profissões, dificilmente o trabalho nas artes será substituído pelas máquinas ou aplicativos. Não consigo imaginar um robô atuando como diretor de palco. No entanto, vamos trabalhar muito mais com a tecnologia a partir de agora. E inovações nessa área não param de surgir, não temos outra escolha a não ser correr o tempo todo para estarmos sempre atualizados.

Pedir ajuda

Quando produzirmos ou nos envolvermos nos bastidores de algum show, apresentação ou espetáculo devemos sempre nos informar sobre o que há de novidade tecnológica que possa tornar melhores os resultados do nosso trabalho. Isso deve ser visto como algo tão obrigatório quanto controlar o orçamento ou selecionar os integrantes do elenco de uma produção. Talvez não tenhamos habilidade ou familiaridade com novos equipamentos, aplicativos e serviços desenvolvidos pela tecnologia da informação. Nesse caso, não devemos nos acanhar em pedir ajuda ou contratar os serviços de quem domina essas novidades.

É inimaginável, por exemplo, que atualmente qualquer espetáculo atraia o público caso não seja divulgado nas mídias sociais. Criar um canal no Youtube para fazer essa publicidade é de grande importância. Se você não tem ideia nem por onde começar, tenha humildade de admitir isso. Peça ajuda, contrate se for o caso, e você sairá ganhando com isso, ao acrescentar mais essa experiência às suas habilidades.

Os mais jovens costumam resolver essas questões com uma rapidez fantástica e sempre trazem ideias novas. Devemos agradecer aos céus por existirem pessoas como eles, mas não podemos esquecer que os mais experientes também contam com um conhecimento e uma assertividade muito maiores e uma visão de mundo mais ampla. Afinal, há um tipo de sabedoria que só se adquire com o passar do tempo, com a inevitável sucessão de erros e acertos.

A fusão dessa jovem agilidade mental com a densidade da experiência adquirida é a alquimia perfeita em qualquer empreendimento humano e, certamente, vale também para os negócios artísticos. Tanto aqueles que chegam agora ao mercado, como os que já têm conhecimento maduro sobre os bastidores, terão ganhos se cultivarem a inquietude do buscar, do conhecer e de se aprofundar nas novidades que podem ser vistas nos festivais de cinema, música e teatro, oficinas e workshops de dança, exposições em museus, desfiles de moda. Sempre há algo inédito acontecendo. Você tem de se alimentar todo o tempo das novas criações para não perder o seu lugar no trem. Acredite que esse trem é um trem-bala, que deixa para trás, e até atropela, quem não embarca nele.

Arte mais profissional

Houve um tempo em que se dizia que aqueles que funcionavam nos bastidores do mundo da arte trabalhavam de maneira improvisada, não eram profissionais competentes. Acho que há um certo exagero nisso, mas posso ver que hoje há um processo rápido de profissionalização em todas essas áreas. Vejo isso de maneira clara na área em que atuo, na descoberta de talentos. Vários encontros com aspirantes a modelos e empresas que estavam nesse segmento já não existem mais. Foram vítimas da má administração, da falta de preparo e de organização.

Essa profissionalização, pela qual todos os envolvidos no mundo artístico passam, foi empurrada em grande parte pelas dificuldades vividas pelo setor em anos recentes. No entanto, não deixa de haver algo positivo nessa fase ruim. A crise chegou, fez estragos e muitos buscaram se adequar para superar os erros do passado. Hoje, os negócios da área artística se movimentam com planejamento, estatísticas e projeções. Não é possível mais ser um bom profissional dos bastidores sem planejamento eficiente.

Não há mais lugar para improviso, nas artes. O espetáculo mal planejado dá prejuízo, para os grandes grupos, para os artistas e para os profissionais tomados individualmente. Por isso, todos vêm se transformando em administradores, sem escolha. Isso é algo inédito nesse mundo, pois eram raros os artistas e profissionais de bastidor que faziam projeção de gastos, cortavam despesas ou sabiam o que era planilha de custos.

Em função da forte crise econômica que abalou o país de 2015 para cá, infelizmente, testemunhei o fechamento de teatros, casas de show e cinemas. Mas vejo isso muito mais como um processo de reciclagem. Penso que a iniciativa privada terá papel cada vez mais relevante nessa indústria, e acredito que estamos construindo um Brasil bem melhor daqui em diante. Basta ver o Museu do Amanhã, no Rio de Janeiro, projeto que foi concebido e financiado pela iniciativa privada.

Esse futuro mais iluminado também será verdadeiro nos bastidores. Em praticamente toda a minha carreira, sempre trabalhei nos bastidores. Os que leram o meu primeiro livro certamente vão se lembrar de quando contei sobre as aulas de como desfilar que ministrei para candidatos a modelos; dos cabos de eletricidade que emendei para iluminar passarelas. Também fechei contratos com cursos no exterior, organizei convenções. Ou seja, sempre estive por detrás da cena principal.

Como conheço essa área, faço a seguir uma lista das vantagens e particularidades que o trabalho nos bastidores pode oferecer:

- ***Estabilidade financeira*** – Sim, muitas profissões de bastidores trazem estabilidade financeira. Várias delas oferecem inclusive salários fixos mensais, algo com que muitos artistas que estão debaixo dos holofotes não podem contar.
- ***Trabalho em equipe*** – Grande parte das atividades nos bastidores envolve trabalho coletivo. Poucos serviços são feitos individualmente. Isso é uma vantagem, pois há a possibilidade de trabalhar com pessoas talentosas, trocar informações e desenvolver uma rede de relacionamentos que poderá ser útil no futuro.
- ***Atividades dinâmicas*** – Nesse mercado não costuma haver lugar para o tédio e rotinas maçantes. Um dia quase nunca é igual ao outro. As produções mudam bastante todos os dias, uma dinâmica bem diferente dos trabalhos convencionais. As produções de circo e televisão costumam ser as mais dinâmicas. Além de trazer para seus integrantes grande agilidade e capacidade de improvisação, a possibilidade de diversão é bem maior.
- ***O mundo na palma da mão*** – Dependendo da área artística em que se está atuando, a possibilidade de conhecer vários lugares, acompanhando espetáculos, é grande. Não é nada raro que shows e apresentações brasileiros viajem por vários estados brasileiros e para outros países. Conhecer novas pessoas e culturas é algo comum para esses profissionais.
- ***Possibilidades de crescimento*** – Os caminhos para aumentar o conhecimento são incontáveis. As atividades de bastidor se ramificam em muitos detalhes e particularidades. Alguém de fato interessado em crescer profissionalmente encontrará ambiente favorável para absorver novas especialidades e expertises.
- ***Visão 360 graus*** – Como foi dito no item anterior, as atividades nos bastidores interagem com várias outras e permitem que alguém dono de um olhar curioso e atento

acabe por conhecer grande parte dos trabalhos necessários para fazer um espetáculo ou apresentação acontecerem. Além disso, o ambiente tipicamente informal de trabalho possibilita uma flexibilidade nas funções, incentivando a participação ampla nas atividades de apoio nos bastidores. Ou seja, sempre será possível exercer outros trabalhos nessa área, aumentando as possibilidades de conhecimento e sucesso.

- ***Olhar atento*** – Detalhes são de grande relevância nas tarefas de produção de um evento artístico. Os que trabalham nessa área obrigatoriamente devem desenvolver uma abordagem criteriosa nas atividades que desenvolvem. Tornam-se pessoas mais atentas e responsáveis no seu dia a dia.
- ***Hei de ser diretor*** – Na medida em que passam a se interessar em conhecer essas operações dos bastidores em profundidade, os trabalhadores nessa área desenvolvem as habilidades exigidas para, no futuro, tornarem-se diretores ou os principais produtores de espetáculos, mesmo aqueles de grande porte que envolvem centenas de participantes. Poucos empregos convencionais têm uma facilidade de progressão para o alto como existente no mundo artístico.
- ***Freio no ego*** – Como foi explicado no segundo item desta lista, nos bastidores a interdependência entre as pessoas é bastante significativa. Qualquer atividade será um fiasco se os integrantes colocarem sua vaidade ou os seus próprios interesses à frente do objetivo comum. Têm-se, portanto, excelentes oportunidades de treinar a paciência, a atenção e o respeito pelo outro. A compreensão de que cada um depende de quem está trabalhando ao lado e de que todos fazem parte da mesma engrenagem faz com que os relacionamentos tenham a tendência de serem mais leves e sadios.

- ***Do lado das estrelas*** – Não costuma haver um muro separando aqueles que estão nos bastidores dos grandes artistas que brilham sobre o palco. A vantagem disso é que a convivência com os mestres da atividade artística é bem próxima e pode-se aprender muito com eles.
- ***As palmas são também para você*** – Fazer parte da entrega final do espetáculo, ouvir as palmas, os pedidos de bis ou escutar os comentários dos que se encantaram com a apresentação, isso é o que significa estar, feliz, nos bastidores.

Não tenho dúvidas de que ao ingressar com o coração e a mente bem abertos em alguma carreira de bastidor, as pessoas terão grande chance de obter uma vida profissional feliz. É claro, como todas as atividades humanas, sempre é possível surgirem incertezas e dificuldades nesse tipo de trabalho. Agora, trato de possíveis experiências negativas para as quais os interessados nessa carreira devem estar atentos e preparados para enfrentar:

- ***Começo difícil*** – O início de uma carreira nos bastidores, como em qualquer outro segmento profissional, pode ser complicado. É preciso investir tempo e dinheiro na própria formação. Cursos podem ser caros e, embora sejam cada vez mais numerosos e possam ser feitos a distância pela internet, algumas vezes será difícil encontrar os professores adequados.
- ***Voto de desconfiança*** – Carreiras artísticas costumam ser vistas com uma certa desconfiança pelas pessoas, principalmente pelos pais do candidato a trabalhar no mundo das artes. Alguns acham que o comportamento moral das pessoas dessa área é questionável, outros que o mercado de trabalho na arte é inseguro e mal remunerado. Um pensamento mais conservador costuma dar valor apenas àquelas profissões que têm "canudo", ou seja, cursos universitários tradicionais, como medicina, engenharia, direito e administração de empresas.

É verdade que um médico, por exemplo, conta com uma estabilidade profissional maior do que os profissionais atuantes nas artes. Porém, vivemos em uma era em que cada vez há menos certezas quanto ao futuro do trabalho. Costumo ouvir que, daqui a cinco anos, metade das profissões que existem atualmente estarão extintas, e que as profissões que serão completamente estratégicas nem foram criadas ainda. Em outras palavras, o melhor é escolher uma carreira que nos fará felizes, pois não se pode dizer com clareza o que o futuro nos reserva.

- ***Colega mala*** – Se alguém me perguntasse se no meio artístico existem mais pessoas antipáticas e arrogantes do que em outras áreas, eu não saberia responder. Fala-se que há excesso de vaidade e estrelismo. Diretores e atores que berram e humilham os outros. Mas depoimentos de pessoas que trabalham em qualquer outra atividade também fazem queixas parecidas. Mas, sim, nos bastidores corre-se também o risco de encontrar pessoas não muito agradáveis, que se acham deuses e tentam humilhar os demais. Mas, seja por que razão for, nunca se deve permitir abusos e bullying por parte de quem quer que seja.
- ***Longe de casa*** – A distância da família e dos amigos é uma coisa negativa. Nessa indústria viaja-se muito. Embora hoje existam dezenas de tecnologias que permitam o contato próximo com qualquer pessoa em qualquer lugar do mundo, sente-se muita saudade de casa. Às vezes a solidão pode tornar-se um problema sério.
- ***Sazonalidade*** – Em algumas ocasiões não haverá trabalho. Isso pode acontecer em virtude da época do ano – tradicionalmente de meados de dezembro até o carnaval, o número de trabalhos para freelancers, por exemplo, costuma cair fortemente no Brasil. Isso também pode acontecer em virtude de alguma crise econômica ou simplesmente

resultado da falta de sorte. Os profissionais que trabalham por conta própria são os que mais sofrem com essa sazonalidade.

Sempre digo aos meus amigos e outras pessoas que oriento como mentor: você tem de ter um plano A, como uma atividade profissional que não seja tão sujeita às chuvas e trovoadas do mercado de trabalho. Se você trabalha nos bastidores, como, por exemplo, videomaker, é vital que tenha alguma coisa fixa, mesmo que seja algo completamente distante do que você gosta de fazer, para poder minimizar os danos provocados nesses períodos de seca. Com essa segurança, você possuirá fôlego para empreender e montar uma produtora de vídeo que tenha porte para manter um ritmo constante de trabalho. Aí, sim, a sua profissão de videomaker passará a ser o seu plano A e o trabalho fixo anterior será abandonado ou continuará a existir como uma segurança para os tempos difíceis.

Razões para empreender

Eu sei que empreender, iniciar um negócio, não é algo tão simples como o parágrafo anterior pode ter insinuado. Eu vejo isso com os pais dos talentos que descobrimos. É comum que, num primeiro momento, esse pais até se irritem quando lhes é dito que, para que a carreira do filho ou filha possa deslanchar, é preciso que eles se tornem empreendedores e invistam uma parte da sua energia e tempo para iniciarem uma caminhada que pode tomar um bom número de anos.

Uma mãe pode dizer: "Mas que droga, por que eu tenho de fazer isso? Minha filha é linda, é talentosa, isso não basta? Por que eu agora preciso acompanhar minha filha, mudar de cidade? E as minhas coisas? Não tenho tempo para isso!" Essa reação de irritação faz parte da nossa cultura. Em geral, esperamos que tudo venha pronto, ou, se não estiver pronto, que pelo menos seja fácil. É como se sentíssemos fome e ficássemos bravos porque a comida não surgiu sem esforço e milagrosamente sobre a mesa.

Muitas vezes só nos animamos a começar um empreendimento quando surgem para nós fatos desfavoráveis. Eu faço parte desse grupo. Em quase todos os momentos em que decidi empreender, iniciar algo completamente novo, eu estava num momento de tristeza, ou me sentindo vazio e insatisfeito com o que estava em minhas mãos. Acredito que essa necessidade de dar uma guinada vem de alguma angústia - o empreender poucas vezes nasce do comodismo. Afinal, se estamos completamente satisfeitos com o que temos, por que pensaríamos em mudar tudo?

Há, também, outros pontos de vista quando se trata de incentivar a carreira de um filho que quer ir para o mundo da arte. Por amor, ou mesmo para também se aventurar em uma grande mudança, esses pais podem transformar o seu dia a dia e seguir os passos necessários para que o trabalho do filho se desenvolva. No meu outro livro, comentei sobre pais que decidem, inclusive, se aventurarem eles também em uma carreira artística. E quando fazem isso, quase sempre assumem funções nos bastidores.

O pai de uma artista, que foi descoberta por nós, abriu, ele mesmo, uma agência de talentos depois que a sua filha iniciou uma carreira de sucesso. Como ele, vários outros também viram a sua vida se transformar, para melhor, inspirada nos próprios filhos.

Mas talvez eu esteja me desviando do ponto principal. Estamos falando de *mindsets* empreendedores. Não importa, portanto, se o que o empurra para abrir um negócio seja uma situação desafiadora ou o desejo de renovar, procurar novos caminhos e desenvolver confiança na sua própria capacidade. O importante é que algo o empurrou para frente. Estes novos tempos de internet colocaram as informações ao alcance de um número muito maior de pessoas e o impacto disso sobre as profissões artísticas, principalmente as dos bastidores, foi uma exigência de uma profissionalização mais aprofundada. Aumentou a concorrência e, com isso, a exigência de que as pessoas saibam fazer negócios.

Planos de negócios e do coração

Não está no escopo deste livro sugerir os passos necessários para iniciar um empreendimento. No entanto, não há como negar que hoje todos terão necessariamente de aprender a fazer planos de negócios. Por isso, é imprescindível estabelecer metas, aumentar a visibilidade nas redes sociais, dominar a tecnologia. Este é um ponto que merece sempre ser repetido: a presença nas mídias da rede mundial tornou-se obrigatória para a sobrevivência de qualquer empreendimento, independentemente do seu porte.

Aliás, uma das primeiras coisas que recomendo para aqueles que iniciam uma carreira é justamente fazer um curso, por mais simples que seja, para entender como funciona a rede social. Não há necessidade de ser um expert no assunto, mas algum conhecimento sobre como fazer suas páginas na mídia social terem maior visibilidade é de grande importância. Plataformas de grande audiência como o Youtube, Facebook e Instagram, entre outras, possuem suas regras de funcionamento e conhecê-las aumentará em muito a eficiência do marketing profissional de quem trabalha no universo artístico.

Se é preciso estar atento e sempre se manter atualizado quanto ao que a tecnologia oferece para incrementar as possibilidades profissionais dos que querem seguir uma carreira nos bastidores, estes também precisam cuidar do seu coração. Como esses profissionais devem se preparar emocionalmente para os altos e baixos da carreira?

Tenho algumas sugestões:

- ***Conte com alguém em quem você confie*** – Precisamos ter alguma pessoa com a qual possamos conversar sobre os nossos sonhos. E não se trata de alguém que necessariamente vai aplaudir tudo o que dissermos. O silêncio muitas vezes é um veneno que mata os nossos sonhos, pois nós conversamos todo o tempo com a nossa mente, e nem sempre ela tem razão. Quando não se tem alguém para falar sobre nossos projetos, tendemos a acreditar em nossas crenças, e elas podem não ser corretas ou viáveis. Alguém próximo, que lhe queira bem, poderá tornar as ideias que você tem mais ricas e claras, ou mesmo mostrar as falhas que elas porventura tenham.

- ***Escolha um bom coach*** – Coach é alguém, especialista profissional em coaching ou pessoa que se ofereça voluntariamente, que pode ajudar você na sua trajetória profissional. Em geral é alguém experiente que lhe dá orientações ou conselhos quanto às decisões a serem tomadas. O coach em geral foca no desempenho profissional daquele a quem ele atende, o coachee. É comum que esse coach seja alguém que trabalhe na mesma área que a sua e, por ter mais experiência, pode dar sugestões preciosas a respeito das decisões a serem tomadas.
- ***Identifique seu estado emocional*** – Nem sempre estamos em estado emocional equilibrado e adequado para tomar decisões importantes que irão ter repercussões na nossa vida pessoal e profissional. Saber identificar quando estamos com a mente intranquila nem sempre é algo que surge com facilidade para nós. Desenvolva o hábito de examinar com frequência a sua mente. Confie apenas em uma mente calma e clara.
- ***Não hesite em pedir ajuda*** – Muitas vezes nossa cabeça se torna congestionada e nos vemos atropelados por sentimentos de ansiedade, culpa, raiva ou confusão. Uma das maneiras de liberar essas vias mentais cheias de movimento é pedir ajuda para colocar os pensamentos em ordem. Sempre que você conversa, esvazia a carga de emoções e consegue atingir um equilíbrio mental. Uma mente equilibrada é capaz de agir com muito mais precisão, enquanto uma cabeça ocupada com vários pensamentos desorganizados costuma tornar-se paralisada e propensa a perder oportunidades.

- ***Cultive seu lado espiritual*** – Não importa em que você acredite, se segue uma religião específica, filosofia de vida ou não. Mas não descuide da sua espiritualidade, ou seja, de cultivar a moral, viver de acordo com os valores nos quais acredita e de ter atitudes, desejos e pensamentos que transcendam a atenção voltada exclusivamente para as conquistas materiais. Isso lhe dará uma disciplina ética e empatia em relação às outras pessoas.
- ***Converse todos os dias com você mesmo*** – Assim fazendo, você será capaz de corrigir suas atitudes quando achar que agiu de maneira inadequada. Devemos encontrar um amigo em nós mesmos, isso tem um impacto positivo sobre a nossa autoconfiança.
- ***Se for preciso, perdoe a si mesmo*** – Perdoe a si mesmo, aos seus pais, aos seus amigos. Cultive uma vida de gratidão. Entenda que boa parte dos problemas que enfrentamos surgem de nossas próprias atitudes. Isso é uma boa notícia, pois significa que podemos sempre ter menos problemas, mudando nossas atitudes. Mas não se estenda demasiado em culpa ou exames de consciência. O que passou, não volta mais. Vamos em frente.

Sonhar grande

Estou convencido de que precisamos ter grandes metas e sonhos dourados para conseguirmos seguir em frente. "Quero trabalhar na equipe de produção da novela de maior audiência da emissora mais importante do país!" É um bom e exequível sonho, por que não? Pessoas chegaram aí. No entanto, devemos sonhar, mas sempre gerenciando nossa ansiedade e determinação. Sim, fazer parte das equipes campeãs de audiência e de crítica neste país é uma ótima meta. Mas devemos começar de dentro para fora. Primeiro dominar o que está próximo de mim, para depois buscar mercados mais complexos e distantes.

Se eu quero ser um produtor de cinema e moro em Salvador, por exemplo, vou começar buscando adquirir todo conhecimento sobre cinema que estiver próximo de mim, na minha cidade. Esgotando as possibilidades locais, vou começar a fazer cursos em centros maiores, depois fazer visitas e mandar currículos para produções em locais mais distantes da minha cidade. Isso é bem viável. Conheci, nas minhas andanças pelo país, muitas pessoas que afirmavam não ter qualquer curso ou oportunidade artística em suas regiões, mas depois que eu as aconselhei a procurar com cuidado, descobriram possibilidades que estavam até no mesmo bairro em que sempre moraram.

Muitos bons profissionais de bastidores começaram assim, em suas cidades de origem. Um grande número deles tentou a sorte anteriormente como artistas de palco, líderes de bandas, modelos de passarela ou primeiro dançarino, para depois usufruírem de uma carreira de sucesso nos bastidores. Conheço vários exemplos de pessoas assim.

Entre todos esses conselhos que trouxe para aqueles que pensam em uma carreira nos bastidores, penso que o mais importante que posso dizer é o seguinte: seja qual for a carreira artística que você irá seguir, seja sempre o melhor. Isso se consegue realizando honestamente o que háde mais precioso em você. Faça tudo com amor, por você, por aqueles que estão ao seu lado e pela profissão. Como diz uma velha música dos Beatles: no final, o amor que você irá receber é igual ao amor que você doou. Isso vale para tudo, inclusive para a vida profissional.

No próximo capítulo, vou explicar para você, querido(a) leitor(a), minha proposta de *90 minutos*. Ou seja, mostrar como um senso de urgência pode nos impulsionar para a frente, muito além dos montes.

VOCÊ TEM 90 MINUTOS

Há alguns anos, quando eu estava ainda no início do meu trabalho com jovens aspirantes à carreira de modelo de passarela, surgiu a oportunidade de realizar um novo trabalho. A ideia era uma empresa que organizasse eventos de gala, como formaturas de faculdade e casamentos. Parecia um bom negócio, capaz de gerar bons retornos financeiros. Afinal, eu já havia acumulado alguma experiência em eventos, como dar aulas de passarela e montar desfiles. Formaturas e casamentos também são eventos, eu disse para mim mesmo, portanto não enfrentaria dificuldades.

Estruturei a empresa. Planejei todos os detalhes. E, quer saber? Foi horrível! Por quê? Porque eu estava fazendo tudo só por dinheiro. Não amava e não conhecia aquilo. Até sabia como fazer toda a cerimônia, mas me sentia um grande infeliz. Os casamentos também foram um desastre. Não sou alguém formal. Aliás, sou totalmente informal. Por essa razão, eu não passava segurança para as noivas. Em um deles, quase me esqueci da aliança na hora de entregá-la para o noivo.

Em pouco tempo, desisti do negócio. Pulei fora. Foi uma decisão sábia. A experiência me trouxe destemor e a certeza de que só deveria fazer coisas que tivessem um significado real para mim. É esta a mensagem que, neste capítulo, e de um modo mais amplo em todo este livro, eu quero entregar: não tenha medo de mudar de direção, caro leitor. Não tema retroceder, quando o que está fazendo não está sendo algo relevante para você. Não vacile em tomar nas mãos a nova direção da sua vida. O medo de transformar a maneira como agimos nos faz ficar mornos, sem cor e sem entusiasmo.

Devo admitir: não foram em todos os momentos seguintes da minha carreira que eu segui os conselhos sobre os quais acabei de falar. Houve ocasiões em que não tomei decisões importantes por insegurança ou porque não queria me indispor com pessoas, próximas ou não. Aquele momento de decisão que me fez desistir das formaturas e casamentos perdeu a força e cheguei a temer que ele não se repetisse mais. Essa atitude de indecisão e tendência de empurrar com a barriga resoluções importantes acabavam por provocar mais problemas. Deixavam-me frustrado e entristecido, além de terem impacto negativo sobre os negócios. Pior: por agir assim, perdi várias oportunidades de me renovar, de abandonar atitudes que não funcionavam mais e adotar outras mais brilhantes e promissoras.

O que fazer

No entanto, recentemente, quando já preparava as primeiras linhas desta obra, recebi um poderoso *insight*, um clique mental, que definiu de maneira muito clara para mim esse 'senso de urgência' que devemos ter quando estamos diante das encruzilhadas da vida. A inspiração veio de um lugar inesperado, um filme chamado *O que fazer*[4], o último estrelado pelo ator norte-americano Robin Willians, que morreu em 2014, mesmo ano de lançamento deste longa-metragem.

Assisti ao filme em algum dia de agosto de 2017 e antes de descrever os sentimentos que ele me despertou, vou explicar rapidamente como se desenrola a trama. Não vou conseguir evitar ser um spoiler, que é como se chamam aqueles desmancha-prazeres que revelam o enredo de um longa-metragem que ainda não vimos. Desculpem-me por isso.

A história é uma comédia dramática simples e previsível que não chegou a ser um sucesso de bilheteria. O advogado Henry Altmann, interpretado por Robin Williams, era um homem com uma vida familiar infeliz. Desde que um dos seus dois filhos morrera, tornara-se amargo, grosseiro e incapaz de demonstrar amor às pessoas que o rodeavam. Seu relacionamento com a esposa era péssimo. Vivia em

---

4 Filme de 2014, dirigido por Phil Alden Robinson. É um remake do filme israelense de 1997 "The 92 Minutes of Mr. Baum". Disponível em: https://en.wikipedia.org/wiki/The_Angriest_Man_in_Brooklyn. Acesso em 13 de maio de 2019.

conflito constante com o outro filho, porque este preferira seguir a carreira de dançarino do que tornar-se advogado como o pai.

A trama tem início quando Henry Altmann vai a uma consulta em um hospital. Ali é atendido por uma jovem doutora, Sharon Gill, que estava substituindo seu médico habitual. A médica, representada pela atriz Mila Kunis, examina tomografias do cérebro do advogado e informa que ele tem um aneurisma e que o seu prognóstico não é nada bom.

Henry entra em desespero e passa a exigir, aos gritos e de maneira agressiva, que ela diga quanto tempo lhe resta de vida. A doutora se recusa a fazer qualquer previsão, mas o advogado a pressiona de tal maneira que ela decide dizer qualquer coisa para se livrar de seus gritos. Por um acaso, sobre a mesa do consultório há uma revista de culinária em cuja capa está escrito "90 minutos para um peru assado perfeito". A doutora Sharon, em pânico, agarra-se à expressão '90 minutos' e diz para o advogado que ele só tem 90 minutos de vida.

Henry, claro, fica chocado com a revelação. Quem não ficaria, sabendo que só tem 90 minutos de vida? Transtornado, sai correndo do consultório, angustiado, decidido a pedir perdão ao filho e à esposa e reencontrar amigos dos quais se afastou, enfim, tentar recolocar sua vida emocional nos trilhos. A assustadora proximidade da morte fez com que o advogado percebesse o que, afinal, era exatamente valioso em sua vida. E isso o fez decidir movimentar-se rapidamente e correr atrás do tempo perdido. O filme se desenrola em uma sucessão de incidentes até o seu final, que não vou revelar aqui.

Mas por que um roteiro como esse, com um argumento que não chega a ser inédito, me impressionou dessa maneira? Eu entendo que foram duas razões. Talvez a que tenha atingido meu coração de maneira mais certeira seja a de que o filme chegou até mim num momento eu estava precisando decidir questões profundas que me incomodavam. Eram desafios que me faziam sentir vazio e estagnado e sem forças para desenvolver as ações necessárias para mudar esse estado de coisas.

Senso de urgência

A segunda razão é a de que, ao longo destes anos em que tenho contato com jovens que desejam começar uma carreira artística e seus pais, percebi o quanto o medo do desconhecido os faz, assim como a mim, ficarem presos a dúvidas e a situações que não lhes trazem felicidade e realizações, sem conseguir sair do lugar. Portanto, acredito que me engajar em um projeto que incentive as pessoas a incorporarem esse "senso de urgência" e confiança de que podem mudar os seus destinos, sobre o qual fala o "90 minutos", pode ser algo significativo na vida de muitos.

Mas o que é, afinal, esse projeto "90 minutos"? A proposta é simples e, em essência, propõe às pessoas interiorizar algumas posturas mentais que podem servir como ajuda para superar o marasmo e a paralisia que frequentemente acometem a todos. Talvez chamá-lo de "projeto" seja até exagero. Nos dias que se seguiram, refleti sobre os sentimentos que o filme *O que fazer* despertou em mim e destaquei alguns pontos, que reproduzo a seguir:

- ***Não somos infinitos*** – Todos nós sabemos, na teoria, que o tempo que passaremos por esse mundo tem prazo de validade. Mas, de fato, não interiorizamos esse sentimento. A consequência é que não temos qualquer constrangimento em irmos protelando indefinidamente, muitas vezes por anos a fio, decisões que, caso as tomássemos, poderiam mudar o rumo das nossas vidas para melhor. É provável que tenhamos mais de 90 minutos de vida, mas não podemos ter certeza de que viveremos por mais 90 anos. Portanto, a hora de agir é agora.
- ***Sempre culpamos os outros*** – Quase nunca consideramos que nossos problemas e dificuldades podem ser provocados por nossas próprias atitudes e posturas. Achamos que nossos desejos não são realizados porque alguém ou algo fora de nós impediu que tivéssemos sucesso. Isso nos deixa estagnados

e fortalece o sentimento que somos impotentes para dirigir nossa própria vida. Insistimos em nos fazer de vítimas e em apontar o dedo para os "culpados" pela nossa aflição, enquanto o mundo vai seguindo e a vida passa, indiferente às nossas queixas.

- ***Tratamos mal os nossos sonhos*** – Quando adiamos demais os nossos sonhos, abrimos vazios e feridas na nossa mente. O hábito de nos comprometermos em realizar coisas e em seguida quebrar esse compromisso que firmamos conosco vai minando a nossa energia de formas que podem se tornar irreversíveis. Depois de algum tempo, a repetição dessas atitudes se transforma em vício e podemos até desistir de qualquer projeto que possa nos dar satisfação.
- ***Faça agora, como se lhe restassem apenas 90 minutos de vida!*** – Um exercício diário que passei a fazer é o de me questionar, todos os dias: o que eu posso fazer hoje que eu venho protelando há tempos? Ou seja, dar aquele pontapé inicial pela manhã: "ôpa, Marcelo, 90 minutos! Cuidado com o que você está deixando novamente de lado." Isso evitará que os vazios mentais, o desânimo e a preguiça se sobreponham até criar uma montanha difícil de transpor.
- ***Um senso de urgência nas atitudes simples da vida*** – Visitar um amigo. Começar a cuidar com seriedade da saúde: se alimentar melhor, ir à academia e não deixar de fazer check-ups periódicos. Telefonar para os pais com mais frequência. Pedir perdão para alguém que, nós sabemos bem, não tratamos de maneira adequada. Fazer aquela viagem de sonho. Saltar de paraquedas. Realizar o sonho de alguém. A ideia dos "90 minutos" deve ser aplicada também a pequenos feitos do cotidiano, como esses aqui citados. Não devemos guardar nossa atitude proativa apenas para os momentos mais grandiosos da nossa vida. O que se quer aqui é criar o hábito de sermos mais positivos e decididos. Novos hábitos

só se criam com a familiaridade que vem com a prática frequente no dia a dia.

Nas reuniões que faço com pais de jovens candidatos à carreira artística, posso constatar que tipo de repercussão esse "senso de urgência" produz nas pessoas. Num desses encontros, perguntei a eles: "Pais, e se vocês tivessem só 90 minutos de vida, o que vocês fariam?" Ouvi várias respostas. Um disse que iria dançar nos seus últimos minutos. Outra que iria fazer uma sonhada viagem em um trailer com o marido. Ninguém falou que gostaria de ganhar uma mansão, dirigir carros luxuosos. Não houve quem dissesse que queria dinheiro. Continuei a fazer a reflexão com os pais. Perguntei: "todos vocês falaram de sonhos, em compartilhar bons momentos com entes queridos; ou seja, todos vocês sabem o que realmente tem relevância nesta vida. Então, o que os impede de colaborarem e de se envolverem nos sonhos de seus filhos?"

De novo, o grande obstáculo para que façam isso é o medo. O medo de dar o primeiro passo matriculando o filho(a) num curso, o temor relativo à exposição do filho(a), o medo de errar. Eu arriscaria a dizer que o sucesso dos empreendimentos nos quais mergulhamos depende 20% da nossa formação e habilidade técnicas e 80% das nossas emoções, porque elas influenciam diretamente as atitudes e posturas que temos diante das escolhas e decisões que devemos tomar e das oportunidades que surgem em nossa vida. Estou convencido de que são as diferentes experiências emocionais que cada um de nós vivenciamos que explicam porque duas pessoas, que usufruem das mesmas condições materiais e têm acesso à mesma formação cultural, avançam de maneira desigual na sua carreira profissional.

Digo isso apoiado num exemplo real. Certa vez, um dos meus colaboradores me contou sobre as suas duas irmãs. Uma delas, de 19 anos, morava nos Estados Unidos, onde pilotava aviões. Apesar da pouca idade, trilhava uma carreira promissora. A outra, de 25 anos, fez artes cênicas. Obteve o DRT, documento obrigatório exigido pelo Ministério do Trabalho para atuar em algumas carreiras artísticas, e todas as condições formais para trabalhar. Mas está parada, sem qualquer atividade profissional. Eu perguntei porque as duas haviam evoluído de maneira tão diversa. Ele me respondeu: "a mais velha, a que está desempregada, tem muito medo, Marcelo".

Aventura coletiva

Como podemos romper esse medo que nos paralisa? Acredito que não há uma resposta imediata para isso. Temos, à nossa disposição, é verdade, várias alternativas: psicólogos, psiquiatras, coaches, mentores e livros de desenvolvimento pessoal e profissional... muitas coisas. Mas vemos tanta gente com acesso a esses meios que continua ainda travada. Não tenho formação alguma como especialista em comportamento humano. Além de tais formas de apoio, as quais já fazem uma baita diferença em nos "colocar para frente", acredito que só venceremos o nosso medo e insegurança se nos autoconhecermos e olharmos com honestidade para dentro de nós, mesmo que não gostemos do que vamos ver nesse espelho.

Uma das facetas mais feias que costumamos ter é a da arrogância. Mas ser arrogante, pensar que somos mais do que os outros, é um equívoco grosseiro. Todos nós trabalhamos de modo coletivo. O mundo é uma aventura coletiva, cada pessoa precisa de outra. Se tentamos mudar a vida dos outros para fazer prevalecer nossos pontos de vista, entraremos numa batalha perdida. Primeiro, os outros não vão concordar em mudar seus comportamentos. Em segundo lugar, essa não é uma forma de agir que cria qualquer coisa nova e ficaremos, portanto, estagnados. Sei do que estou falando. Em toda a minha carreira, os momentos nos quais eu mais cresci foram aqueles em que exerci a humildade.

A boa notícia é que sempre podemos mudar a maneira como nos comportamos. O pior que pode nos acontecer é exatamente não acreditar que podemos nos transformar. Mesmo se estivermos convencidos de que o modo como fomos criados, a nossa formação ou nossa história de vida tenham nos entortado de maneira definitiva, devemos afastar essa crença, pois ela é incorreta. Se você realmente estiver disposto a mudar o estado das coisas em sua vida, você conseguirá.

Acabamos de falar sobre a arrogância. Há pessoas arrogantes em todas as áreas profissionais, e os bastidores das atividades artísticas também têm uma boa cota deles. Maquiadores, cabelereiros, diretores... enfim, todas as ocupações de bastidores contam com pessoas que se acham reis e rainhas do mundo. Muitas delas chegam a ser intratáveis. É comum, nesse meio, alguém se tornar um profissional muito requisitado, alcançando muito prestígio e altos ganhos financeiros. Não é todo mundo que consegue resistir a tamanho poder sem tornar-se presunçoso e antipático.

Esse é um fenômeno sobre o qual vale a pena nos estendermos um pouco mais. Diferentemente de algumas profissões, como a engenharia ou a medicina, no meio artístico a formação técnica não é tão preponderante para o bom desempenho de um profissional. Não há dúvida de que artistas de palco ou dos bastidores obrigatoriamente devem ser capazes de desempenhar o seu trabalho, mas há dois tipos de profissionais neste segmento. Aqueles que chegaram após fazer um curso técnico específico, como um operador de câmera por exemplo; e outros formados na "escola da vida", ou seja, aprenderam na prática, sem terem tido uma educação técnica formal. O que os impeliu foi a curiosidade, a garra e a capacidade de manterem-se focados.

Artistas fora dos palcos

Não vou afirmar que aqueles que chegaram ao sucesso na carreira artística pelo caminho do aprendizado não-formal tenham menor probabilidade de desenvolver uma postura arrogante e autossuficiente. Mas se alguém adquire bagagem e cresce auxiliado e orientado por colegas mais experientes e se desenvolve graças à atenciosa bondade dos outros, essa pessoa, me parece, terá a tendência de se manter humilde e irá compreender a importância de colaborar com os outros.

Pelo que vejo neste mundo artístico, que é onde estou inserido, há pessoas que trabalham nos bastidores que se veem exclusivamente como técnicos, e não como artistas. Um iluminador, por exemplo, fez um curso técnico sobre iluminação de cenário, mas se sentiria à vontade em qualquer outro lugar que usasse a iluminação para criar efeitos. Uma fábrica ou as vitrines das lojas de um shopping lhe despertariam tanta emoção quanto o palco de um teatro. Ele é um técnico em iluminação, ponto. Mas há outros iluminadores, também eles formados em cursos profissionalizantes, que vivem aquele ambiente artístico com paixão. Eles são artistas e assim se sentem, tanto quanto os atores ou músicos aclamados pelo público, nos palcos.

Conheço casos assim. A pessoa trabalha nos bastidores, mas no meio artístico é uma sumidade. Há vários, mas dou como exemplo alguém que trabalha no figurino, como Thanara Schönardie, responsável pelo figurino da minissérie *Dois Irmãos*, exibida no início de 2017 pela TV Globo. Ela é respeitada, conhecida no meio, chamada com frequência para dar entrevistas e falar de seu trabalho. Outro exemplo desse reconhecimento eu vi há algum tempo no programa *Vídeo Show*, também na Globo, que homenageou um operador de câmera, veterano da emissora. Muitos desses profissionais que fazem sucesso nos bastidores foram, no passado, atores. Outros sempre trabalharam por detrás da cena. Ambos são reverenciados com a mesma deferência que se dá às estrelas públicas, pela maestria com que desenvolvem suas atividades.

Acho que agora é bom momento para esclarecer um ponto que pode parecer contraditório entre a caminhada de um profissional de início quase sempre modesto, até tornar-se autoridade em sua área, e o conceito dos "90 Minutos" que estou apresentando neste capítulo. Ora, transformar-se em profissional que é referência para os demais não é algo que se faz da noite para o dia. Ao contrário, demanda planejamento, tempo, paixão pelo trabalho, garra, foco e a resiliência para navegar pelos vários momentos de altos e baixos que fazem parte da caminhada profissional. Mas isso não entra em choque com o "90 Minutos" que propõe assumirmos um "senso de urgência" e não deixar nada para amanhã?

De fato, a essência dos "90 minutos" está na rapidez na tomada de decisões. Seus fundamentos são: não protelar; acreditar que é possível; planejar a curtíssimo prazo; lembrar que não somos infinitos e colocar tudo isso em ação. No entanto, o que esse conceito propõe é a urgência contra a estagnação física e mental que sempre está pronta a nos atingir, e não uma correria louca atrás de resultados imediatos.

O que a urgência dos "90 minutos" nos propõe é afastarmos todos os pensamentos inúteis e decidirmos, do fundo do coração e com convicção, que a partir desse momento iremos fazer todos os movimentos necessários para atingir os nossos objetivos. Em muitas ocasiões, a única providência possível será manter esse desejo de mudança vivo em nossa mente, até que as condições adequadas surjam e possamos agir de maneira mais efetiva. Quer dizer, os "90 minutos" também podem pedir que pratiquemos paciência com sabedoria.

Futebol 10 X 9 Engenharia

Uma conversa que eu tive não há muito tempo com Mateus, um jovem que me pedia orientação profissional, talvez explique melhor o que é essa paciência sábia. Mateus queria ser jogador de futebol, mas por uma série de razões o tempo foi passando e suas chances foram perdidas. Agora, aos 22 anos, estava cursando engenharia mecânica. Perguntei a ele: "me dê uma nota, de 0 a 10, que defina a sua paixão pela engenharia mecânica". Ele me respondeu: nove. "E qual é a nota para a sua paixão pelo futebol?" Ele disse: "para a minha paixão pelo futebol, eu dou nota 10".

Diante desse placar, a minha recomendação foi: "Mateus, não abandone o seu curso de engenharia. Após concluí-lo, procure cursos de gestão esportiva. E você não precisa saber desde já qual será exatamente a atividade que você desenvolverá no futebol.

Nesse curso você terá uma visão de 360 graus do que é possível fazer neste esporte e poderá tornar-se uma autoridade na área que escolher". Caso Mateus acate a minha sugestão, não precisará definir imediatamente qual será o seu foco, já que ele não conhece a fundo as possibilidades da gestão no esporte. Mas para ele, uma decisão inspirada no "90 Minutos" seria, já agora, o planejamento dos seus passos futuros em direção ao esporte. Fazer um planejamento e segui-lo, mesmo que os primeiros movimentos só sejam iniciados algum tempo depois, não tem nada a ver com marasmo e letargia.

Esse artifício de pontuar o valor de seus desejos, como dar uma nota de 0 a 10 conforme o exemplo que acabei de descrever, pode parecer uma coisa ingênua a princípio, mas é um método eficiente para definir o foco e prioridades. Se você gosta de música, mas também adora dança e queria ainda fazer cinema, o mais provável é que, se tentar executar tudo isso ao mesmo tempo, ao final não terá sucesso em nenhuma dessas opções. Resolva, então, esse impasse na ponta do lápis. Reflita, pese os prós e contras e dê notas para cada uma dessas paixões. Quando esse exercício é feito, a pessoa consegue classificar suas preferências e se sente segura quanto ao que deve ser feito. Com isso, passa-se a ter um norte para guiar as decisões futuras.

Transformar sonhos em metas e sentir segurança com as escolhas feitas são conquistas preciosas. As pessoas costumam ter muito medo da frustração e, para não correr o risco de a experienciar, ficam quietas em seu canto, enquanto o tempo vai passando sem volta. Elas podem até fazer cursos, ler livros e mais livros sobre as áreas artísticas nas quais gostariam de se engajar, mas a sua história emocional as impede de dar o passo decisivo à frente, porque têm medo de errar. Não foi isso que aconteceu com a irmã daquele meu conhecido? Mesmo com a DRT que a autorizava a trabalhar com artes cênicas, ela era derrotada pelo receio de se lançar no mercado. Qual frustração será maior? A de eventualmente fracassar, ou a de nunca ter tentado?

Manter o foco também evita o grande erro no qual muitos profissionais incorrem, de colocar um número impraticável de metas no seu dia a dia profissional. Por falta de tempo ou de energia para cumprir o cronograma, ao final quase sempre não cumprem nenhuma de suas metas. Foco e disciplina são fundamentais. Eu mesmo caí nessa armadilha há alguns anos. Houve uma época em que eu fazia 25 eventos por mês, em cidades diferentes. Chegou ao absurdo de não ter tempo nem para dormir entre um evento e outro. Eu montava uma cama debaixo da passarela e repousava do meio-dia às duas da tarde, para conseguir me recuperar e conversar com as pessoas. Era um risco para a sustentabilidade do negócio, que certamente não seria bem gerenciado por alguém à beira de uma estafa. E também um risco para a minha saúde. Hoje atendo de oito a 10 eventos por mês, e não preciso ir além desse número.

Episódios como esses me ensinaram a grande importância de conseguirmos pisar no freio para termos a oportunidade de saborear as coisas que conquistamos. Quando jovem, eu costumava ser elogiado pela minha atitude dinâmica e rapidez de raciocínio. Isso me envaidecia e passei a achar que ser ágil e ter pensamentos velozes era algo característico de um empreendedor e sinônimo de qualidade. Depois descobri que o que importava mesmo era desfrutar, saborear as coisas. E quando passei a fazer isso – pena que esse *insight* não surgiu quando eu era ainda jovem – foi que percebi o que era de fato viver e usufruir o presente.

Não sentir nada

Isso foi verdadeiramente transformador. Se você não desfruta das coisas que surgem diante de você, torna-se um ser apático. Penso que esse "não sentir nada" é hoje um grande mal no mundo. Vejo pessoas, jovens principalmente, que têm vários sonhos e desejos, mas não conseguem manter coisa alguma em foco. Isso gera um vazio muito grande, porque você não sabe para onde ir, ou o que está realmente buscando. É o grande problema que tenho com os adolescentes e com as crianças que desejam dar seus primeiros passos no universo artístico e com alguns colaboradores da empresa. Todos pensam muito, todos querem tudo, mas acabam fazendo pouco ou nada para caminharem em direção à realização de seus sonhos.

Antes de desenvolver o "90 minutos", eu amarguei um processo de estagnação que se estendeu por cerca de três meses. Comecei a superar essa fase de paralisia quando elaborei a visão de "olhar além dos montes", que expliquei no capítulo anterior, mas passei de fato à ação com o "90 minutos". Foi um processo de mudança que cobrou a sua cota de dor, pois isso significou fazer mudanças significativas na minha empresa e, inclusive, sofridas demissões.

O "90 minutos" também propõe que nos reinventemos para estarmos à altura das mudanças cada vez mais velozes do mercado. Não podemos mais nos dar ao luxo de ficarmos parados, repetindo fórmulas que no passado nos trouxeram ganhos. Tudo está em eterno movimento, hoje mais do que nunca.

Mas o que me faz afirmar que o período de dúvidas que

atitudes emocionais forem desfavoráveis, elas nos deixarão travados e irão roubar nossa autoconfiança. Sem uma mente equilibrada e pacífica, não conseguiremos nos movimentar, nem nos palcos, nem nos bastidores.

Quando olhamos para um jovem que esteja nos seus 16 anos de vida, temos a expectativa, e o encorajamos nesse sentido, para que ele tenha ousadia, seja curioso e disposto a se lançar de maneira decidida em sua carreira. Mas não costumamos atentar para o fato de que talvez, quando ainda mais jovem, ele tenha enfrentado desafios gigantescos em casa. Pode ter acontecido de seus pais não o terem apoiado e de sua família ter sido indiferente às suas necessidades. Na escola ele pode ter sofrido tanto bullying que acabou perdendo a confiança em si mesmo.

Mesmo esse passado desfavorável pode ser enfrentado. Esse jovem pode ter a boa sorte de encontrar pessoas, fora do seu círculo familiar, que cooperem na sua caminhada. Ou sua vontade de vencer pode ser forte o suficiente para lhe proporcionar a capacidade de fazer a análise da sua situação e procurar apoio emocional especializado.

Entre todas, a atitude menos proveitosa é a de esse jovem se tornar derrotista ou rancoroso, culpando a família, o pai, a mãe por seu futuro profissional parecer tão duvidoso. É preciso entender que o sucesso depende exclusivamente dele. Se esse jovem conseguir desenvolver essa postura mental que o faz acreditar que é ele quem poderá mudar seu próprio destino, então as coisas vão começar a acontecer. Ele vai superar a frustração e se movimentar.

Nosso maior adversário é o que está dentro de nós. Precisamos, muitas vezes, brigar com a nossa própria mente. É impressionante como o lado emocional é preponderante em todas as nossas decisões. Foco, disciplina, vontade de se relacionar, apoio emocional, tudo isso será determinante para que não desanimemos na caminhada.

Sonhos mudam de lugar

Há, ainda, uma consideração a ser feita. Não há dúvida do quanto nossa mente é capaz de impedir que alcancemos nossos sonhos. Mas também é verdade que nossos desejos estão em constante transformação. É que nossos sonhos, assim como as estrelas, também mudam de lugar. Quando nossas aspirações se transformam, também é o momento correto para colocarmos em prática o espírito dos "90 minutos". Ao constatarmos que nossos sonhos são outros, não devemos ficar confusos ou presos às velhas atitudes que já não vão nos levar para onde queremos agora ir.

Conforme a idade vai passando, nossos desejos vão sendo lapidados e novos objetivos se materializam à nossa frente. Há como saber se, e quando, um sonho irá se apagar e outro surgir em seu lugar? Não, isso não nos é dado conhecer. Por esse motivo, não devemos olhar apenas para uma direção e sermos inflexíveis. Se nos fixarmos em apenas uma meta, maior será a chance de perdermos boas oportunidades de desenvolver carreiras e negócios, quando as condições externas se transformarem, ou passarmos a almejar coisas diferentes do que queríamos anteriormente.

Cada fase da nossa vida é um momento diferente. O que uma garota de seis anos sonha não será exatamente o que ela vai querer conquistar quando estiver com seus 16 anos. Quando chegar aos 26 ou 36 anos, seus desejos provavelmente serão outros. Hoje, o que eu quero fazer aos 47, nada tem a ver com o que eu pretendia aos 30, muito menos aos 15 anos de idade. Nunca imaginei que escreveria livros, ou que conversaria com empresários importantes de igual para igual. A vida foi dando sinais, abrindo caminhos, colocando à minha frente pessoas que me incentivaram a olhar coisas que até então eu não enxergava.

Eu fui caminhando, algumas vezes sem saber exatamente se estava na direção correta. Existiram ocasiões em que alguém me incentivou a não desistir, em momentos em que eu estava quase "jogando a toalha". Ou uma pessoa, da qual eu não esperava ouvir coisa alguma, me convenceu a acreditar mais em mim mesmo. E isso, naquele momento, foi poderoso e devolveu minha energia. A minha história não é única nem especial. Todas as outras pessoas percorrem caminhos semelhantes com suas dúvidas, vitórias e pessoas inesperadas que surgem e fazem uma diferença fundamental em suas vidas.

Essa constatação, de que os sonhos mudam, é de grande utilidade para pais aflitos e jovens profissionais que desejam começar carreira nos bastidores do universo artístico. Costumo dizer a eles para não se preocuparem se os desejos de seus filhos não os agradam. "Relaxem, a vida vai nos conduzindo, novas coisas vão surgir, e a paisagem será outra", eu explico a eles. Mas também faço uma advertência: "Fiquem espertos, estejam abertos aos sinais, se o seu filho de repente diz que está a fim de se engajar num esporte, aproveite isso. É um interesse que ele desenvolveu e que pode se transformar em algo significativo, capaz de trazer realizações para todos."

Pedaço de tábua

Podem me perguntar se ficar "atento aos sinais" não está em oposição ao que venho dizendo sobre a importância de planejar uma carreira artística. Sim, ninguém duvida dos benefícios que uma trajetória bem planejada é capaz de produzir. Mas há uma subjetividade aí. Temos também de cultivar a maleabilidade, não sermos rígidos como um pedaço de tábua.

Fazer um planejamento de curto prazo é um dos pilares da minha proposta de "90 minutos". E isso é o que facilita o desenvolvimento da flexibilidade sobre a qual falei no parágrafo anterior. Já há algum tempo, eu planejo minha programação de trabalho e negócios num prazo máximo de seis meses. É o meu tempo máximo. Claro, eu tenho ideias até dois, três anos adiante, mas o planejamento obrigatoriamente é restrito a um prazo mais curto. Como faço eventos que envolvem muitas pessoas e fornecedores, não posso deixar de ter uma previsão, dentro de um prazo confortável, do que teremos pela frente.

Agora, já nas últimas linhas deste capítulo, gostaria de voltar a um assunto que considero de grande relevância, sobre o qual já falei mais de uma vez. Refiro-me ao medo. Esse sentimento é gerado pela insegurança que, acredito, cada vez atormenta mais as pessoas. Eu me arriscaria a dizer que um dos grandes responsáveis por isso, hoje, é a atenção exagerada que prestamos à mídia social. Gostaria de ser bem entendido neste ponto. Considero a facilidade, agilidade e rapidez de comunicação proporcionada pelas mídias sociais um dos mais fulgurantes avanços no relacionamento entre as pessoas. Mas elas cobram um preço por isso.

Esse pedágio que temos de pagar é que muitas vezes temos o mau costume de olhar o Instagram, as postagens no Facebook e em outras mídias de outras pessoas e ficarmos convencidos de que elas têm uma vida melhor do que a nossa. Você olha e pensa: "Puxa, a vida desse cara é mais interessante do que a minha, a desse outro também...". Nas reuniões que eu faço com jovens, costumo perguntar: "Quem acha aqui que a vida do outro é melhor do que a sua?" A maioria, 90% deles, levanta a mão.

Isso é preocupante. Como alguém pode evoluir pessoal e profissionalmente se essa pessoa não gosta de si mesma? Que curso de profissão artística, que faculdade vai conseguir empurrar para frente alguém que acha que a sua vida é ruim e que ele vale menos do que os outros? As pessoas têm de se afastar dessa ideia equivocada. Não necessariamente sair da mídia social, mas do vício de ter pensamentos negativos como esses.

Eu também tinha esse mau hábito. Participava de mais de 50 grupos na mídia social. Quando analisei com calma o que 50 grupos significavam para mim, constatei que era muita coisa. Roubavam ainda a minha produtividade e era algo desnecessário. Saí de quase todos, pois aquilo estava minando a minha paz. Depois que me afastei, me tornei uma pessoa melhor. Fiquei menos impaciente, ansioso e passei a sofrer menos. O melhor de tudo: parei de achar que a vida dos outros é melhor do que a minha. Eu me amo mais agora.

Gostar mais de si mesmo é uma atitude capaz de nos tornar confiantes, diante de variadas encruzilhadas que a vida colocará à nossa frente. Essa qualidade também será essencial para nos movimentarmos de maneira corajosa nos caminhos profissionais. Há, entretanto, várias outras habilidades vistas com bons olhos pelo mercado das artes. Falaremos sobre elas – e sobre comportamentos que é melhor evitar – no capítulo que se segue.

BATENDO NA PORTA DOS BASTIDORES

Profissionais que trabalham ou pretendam atuar nos bastidores das artes podem passar por problemas. Por exemplo, o projeto em que um rapaz estava envolvido, uma filmagem, já foi encerrado, e uma nova oportunidade está demorando além do esperado para surgir. Uma jovem recém-chegada ao mercado, acabou de sair da faculdade de moda e, apesar de já ter batido em muitas portas, até agora não conseguiu nada. Outro profissional vive uma situação menos ruim do que a desses dois colegas, mas não menos angustiante. Ele recebeu e aceitou uma oferta de trabalho como contrarregra em um espetáculo teatral, mas o quanto estão lhe pagando não cobre as suas despesas.

Dificuldades como essas não são exclusividade das profissões artísticas, pessoas que trabalham em qualquer área profissional podem ter de enfrentar dissabores parecidos. Mas aqueles que atuam nos bastidores das artes têm uma vantagem sobre os demais: estão nma das indústrias mais milionárias do mundo! Talvez as três personagens que citamos no parágrafo anterior tenham dificuldade em acreditar nisso. Mas não deviam. Em primeiro lugar, porque a indústria do entretenimento tem grande peso em todo o mundo.

No Brasil, segundo pesquisa mundial realizada pela consultoria PwC, em 2017, o faturamento do setor poderá chegar, em 2021, a US$ 43,7 bilhões, um crescimento de 13% em relação aos US$ 34,9 bilhões registrados em 2016[5]. E em segundo lugar, e talvez ainda mais relevante, as profissões de bastidores nas artes oferecem algo que a sociedade tem procurado com um apetite cada vez maior: a humanização das relações.

Explicando melhor, o mundo parece que está se tornando mais áspero. Entre os vários responsáveis por isso, pode-se apontar a maneira como a internet e as mídias sociais vêm afetando o nosso comportamento. A todo momento, pipocam nelas muitas mensagens

5 Site da revista Época Negócios, visto em 03 de abril de 2019m disponível em: https://epocanegocios.globo.com/Mercado/noticia/2017/06/midia-e-entre tenimento-vao-movimentar-us-223-trilhoes-em-2021.html

fake, muita frieza, interações desagradáveis, agressivas. Como uma reação a isso, há uma valorização cada vez maior da empatia e vem surgindo o desejo crescente por uma volta das relações mais humanas, assim como se busca estabelecer um vínculo mais forte e genuíno com o outro.

O universo artístico é justamente aquele capaz de promover a interação entre as pessoas, que andam carentes de sentimentos mais humanos e elaborados. Se é verdade que os profissionais dos bastidores das artes têm razão em ficar inquietos diante das dificuldades do trabalho, eles também devem olhar "além dos montes" e começar a entregar experiências para o público, cada vez mais receptivo. Estamos na era do marketing de diferenciação. É preciso buscar o diferente, ninguém mais quer ver a mesmice, a repetição. Temos de encantar, buscar o deslumbramento do outro, entregar muito mais do que as pessoas esperam. Isso é algo que os artistas e aqueles que trabalham nos bastidores, para que os espetáculos aconteçam, podem fazer.

A questão que sempre se coloca, no entanto, é como passar pela porta de entrada que leva a essas funções dos bastidores. Neste capítulo serão expostas algumas das características valorizadas nesse mercado e, ainda, alguns maus hábitos que podem fazer com que os que desejam entrar nessa indústria corram o risco de bater nessa porta inutilmente, sem que ninguém lhes dê uma oportunidade de trabalho.

Gratidão pela vida, inteligência emocional e disciplina

A primeira dessas qualidades positivas é ter gratidão pela vida. O que significa ter gratidão? É você manter uma postura positiva diante de tudo o que nos acontece. Ser grato e reconhecer o valor do emprego que já conquistou ou está prestes a conquistar; ter gratidão pela saúde de que desfruta, agradecer pela família à qual pertence. Reconhecem-se as pessoas que têm esse espírito de gratidão pelo comportamento. São gentis, sorriem, pedem desculpas quando esbarram em alguém. Suas atitudes não são voltadas exclusivamente para os seus interesses, não há egoísmo nelas. Gente assim tem apreço pelos outros e gosta de trabalhar de uma maneira cooperativa. Não é difícil entender por que as portas dos bastidores costumam deixar passar aqueles que têm gratidão.

Outra característica valorizada no universo das artes é a inteligência emocional[6], ou seja, a capacidade das pessoas de se automotivar, superar frustrações, controlar impulsos e motivar os outros. São traços daqueles que têm um propósito bem alinhado, que têm iniciativa e assumem responsabilidade pela própria vida. É claro, uma vez participando das atividades nos bastidores, as pessoas precisam contar com conhecimento técnico e saber executar suas funções, mas quem só age funcionalmente e não tem gratidão e inteligência emocional não costuma ir longe nesse universo.

Pessoas com essas duas características costumam olhar para as oportunidades de trabalho de uma maneira diversa daqueles que veem no trabalho apenas um meio de ganhar dinheiro. Quem têm inteligência emocional e gratidão acredita que o seu papel naquela empresa ou naquele trabalho específico é atender às necessidades dos demais envolvidos. Ou seja, você se entrega de corpo e alma, quer acrescentar valor, tornar todos aqueles ao seu redor mais felizes e realizados. Em outras palavras, você se coloca no lugar dos outros de uma maneira positiva, sempre disposto a ajudar. É claro que você está ali também pelo dinheiro, pois tem de se sustentar e talvez a sua família, mas a maneira como se posiciona é sincera, calorosa, colaborativa. E o empregador percebe de cara que está diante de alguém diferenciado.

A disciplina é a terceira habilidade a ser ressaltada. Se você não apresenta consistência, não consegue manter sua atividade, nem

6 Informação obtida no site Significados, disponível em: https://www.significados.com.br/inteligencia-emocional/, Acesso em 13 de maio de 2019.

prazos e entregas dentro do que foi combinado, não fará sucesso em sua função. Para conseguir cumprir os compromissos, terá de ter bem equilibrados o seu emocional, o trabalho e as obrigações materiais e de afeto para com a sua família.

A força do foco

Aptidão bem próxima da disciplina é o foco. Hoje em dia as pessoas parecem ter grande dificuldade em manter a atenção em qualquer coisa que não sejam os seus celulares. E não se fala aqui apenas do foco momentâneo, da conversa com os seus pares ou de uma tarefa imediata. É preciso manter-se focado também quando se trata de assuntos de médio e longo prazo. Por exemplo, alguém que opere uma câmera, mas sonhe ser, um dia, diretor de cinema, só irá alcançar essa posição se fixar metas de médio e longo prazo, preparar-se, fazer cursos que durem um, dois anos. Sem foco, só se importando com os resultados imediatos, ninguém chega a lugar algum.

Diferente das qualidades citadas até então, que são comportamentais, o próximo item diz respeito a uma necessidade prática: técnica. Trata-se da capacidade de entender e lidar com marketing digital. Ou seja, até mesmo para chegar às pessoas que poderão oferecer uma oportunidade nos bastidores artísticos, é preciso colocar o currículo no Linkedin, por exemplo. Não há mais possibilidade alguma de trabalhar em qualquer área ignorando a internet e as mídias digitais.

Há ainda uma outra postura profissional, esta também de ordem prática, que é de grande relevância para aqueles que pretendem navegar pelo universo das artes. Trata-se de superar um preconceito. Isso porque ainda é muito forte a visão de que o trabalho nos bastidores tem menor importância do que o trabalho dos artistas à frente do palco. Esse é um entendimento equivocado sob qualquer ângulo que seja analisado. Além de ser possível existir prazer, realizações, sucesso, dinheiro e estabilidade nas atividades artísticas de bastidores, sem o trabalho dessas pessoas artista algum conseguiria fazer sua estrela brilhar.

Portanto, deixar de lado essa falsa crença, virar essa chave mental, são atitudes fundamentais para você ter uma carreira profissional feliz nessa indústria. Eu mesmo, Marcelo Germano, autor deste livro, não dei a devida importância para as atividades vitais dos bastidores em momentos passados. Em todas as vezes que me comportei assim, a minha empresa passou por grandes dificuldades.

O que estou querendo dizer é que, quando se age como alguém que só tem olhos para a sua performance sob os holofotes, que só se preocupa em ser querido pelos fãs, em badalar e curtir o sucesso e deixa de lado questões como planejamento estratégico, finanças, fluxo de caixa, logística, aluguel e compra de equipamentos e serviços, as coisas não dão certo, não ficam de pé, e o empreendimento vai à falência. Os artistas, os diretores, os proprietários de empresas artísticas não precisam ser os melhores do mercado nessas habilidades de retaguarda, pois existem pessoas competentes que ocupam essas funções de bastidores. Mas eles têm de, no mínimo, reconhecer que os especialistas nessas tarefas são insubstituíveis para o sucesso de todos.

Pedras no caminho

Se até aqui já foi possível compor uma boa ideia sobre as características e comportamentos que podem empurrar uma carreira nos bastidores para a frente, passemos a examinar agora quais são os equívocos e obstáculos mais comuns que podem tornar mais estreito e pedregoso o caminho para ter uma experiência feliz nesse universo. Vamos à lista:

1. ***Falta de comunicação*** – O mal do século. Os empresários e gestores estão em pânico, pois os profissionais dos bastidores, ou de qualquer outro ambiente de trabalho, têm dificuldade em se comunicar. Eles não perguntam coisas

essenciais para os colegas. Trabalham olhando para a própria tela, do computador ou, muito mais comum, do celular. Ironicamente, as respostas para as suas dúvidas e problemas estão nas pessoas que estão bem ali ao lado. Quem deseja crescer nos bastidores tem de conversar, fazer networking, interagir com os profissionais à sua volta. Se isso for uma dificuldade, se a vergonha de se expor for algo paralisante, é preciso fazer um curso para corrigir isso. Há muitos cursos de como se comunicar, como falar em público.

2. ***Pouca ou nenhuma curiosidade*** – Esqueça aquele tempo em que você era criança e os adultos diziam: "Deixe de ser curioso, pirralho!". A curiosidade é uma virtude. São qualidades preciosas perguntar sempre o porquê, querer saber, interessar-se, fuçar. E isso está provado,. Todo empregador inteligente adora colaboradores curiosos, pois são eles os que trazem ideias novas e não deixam que os demais se acomodem na rotina.
3. ***Não correr atrás*** – Há pessoas que querem fazer coisas, mas não conseguem dar um passo além das suas cadeiras. Estão sempre querendo, sempre fazendo planos, repetindo-os para os outros, mas é só isso que fazem. Ficam só no anúncio das suas intenções. Não tentam conhecer mais, perguntar para alguém que consegue realizar aquilo que elas desejam. Não pesquisam na internet, não leem livros. Estão sempre sonhando - e nunca acordam.
4. ***Não valorizar o planejamento e a organização*** – Estes não se dão ao trabalho de fazer um planejamento estratégico e vivem o caos no trabalho. Andam sem agenda definida. Atrapalham-se e colocam as etapas fora de ordem, sem cronologia ou ordem de relevância. No final não sabem exatamente para onde ir e acabam escolhendo qualquer caminho. Mas raramente chegam onde pretendiam, porque, para quem não sabe para onde ir, nenhum caminho serve.

5. ***Ser teimoso e não aceitar feedback*** – Não é fácil ouvir alguém dizer que o nossoprojeto ou trabalho não está bom. Dá raiva, vontade de brigar. Mas temos de ter a sabedoria de ouvir. Quase todo feedback que nos é dado traz um fundo de verdade. Seria uma tolice perder essa excelente oportunidade de aprendermos como nos superar, só por teimosia ou orgulho.
6. ***Ter ideias inúteis*** – Muita gente é campeã em ter ideias. Mas só aquelas que não têm grande serventia. É um cenário conhecido: pessoas se reúnem para decidir sobre alguma questão, e alguém fica ali dando ideias e mais ideias sem que justifique porque elas são exequíveis ou de que maneira poderiam se tornar realidade. No final, ninguém mais presta atenção ou dá importância ao que a pessoa diz.
7. ***Não colocar no papel*** – A pessoa tem ideias, sacadas que podem até ter sentido, mas não coloca no papel (ou, mais provavelmente, não digita no computador ou no celular). Ou seja, não organiza suas propostas que, depois de ficarem flutuando no ar, desmancham-se no esquecimento.
8. ***Mudar de opinião facilmente*** – Essa atitude é um tormento para aqueles que trabalham na companhia desse "maria-vai--com-as-outras". Ou seja, alguém que toma uma decisão, levanta e vai até o banheiro, e volta pensando o contrário do que havia dito antes. Já pensou ter um chefe assim? Quem vai saber o que é para fazer de verdade? Com o tempo, pessoas que mudam de opinião a toda hora caem no descrédito e ganham má reputação.
9. ***Abandonar o "eu planejador"*** – Isso significa fazer as coisas no impulso, sem examinar as consequências dos seus atos e não levando em conta se possui os meios para chegar até onde está dizendo que quer ir. Eles vão fazendo, fazendo, até que fica claro que deixaram de lado um passo importante que era necessário e tudo cai por terra. Planejar não é uma opção, mas uma necessidade vital.

10. ***Desistir no primeiro problema*** – Muita gente quer ter sucesso, ter seguidores, ser visto como alguém competente e fica anunciando suas pretensas qualidades aos quatro ventos. Mas quem vai admirar uma pessoa que na primeira adversidade já desiste de tudo? É uma espécie de covardia. Em geral, pessoas assim sempre criam para si e para os outros histórias que justificam suas falhas, entrando num círculo vicioso que no final irá tirar sua energia.
11. ***Querer que as próprias ideias sempre prevaleçam*** – Essa maneira incorreta de agir desconsidera as decisões tomadas em grupo e quer impor a sua própria visão de mundo. Nos casos mais graves, gente que se comporta dessa maneira costuma sabotar os colegas e até usar de meios escusos para fazer com que a sua opinião prevaleça. Nem é necessário dizer que esse é um caminho rápido para os conflitos e para a perda do emprego.
12. ***Não buscar a opinião de peritos*** – Aqui está uma questão de grande relevância. A arrogância e a vaidade nos fazem muitas vezes considerar que somos capazes de resolver qualquer desafio que surgir e que sabemos tudo. É claro que não é assim. Se alguém é perito, ou seja, especialista em algum assunto – montar um cenário, iluminar um palco, por exemplo –, tem experiência em resolver determinados tipos de problema enquanto, do outro lado, uma pessoa está enfrentando aquelas dificuldades pela primeira vez,. Certamente será o perito quem trará soluções que os outros dificilmente imaginariam.
13. ***Perder tempo com coisas sem importância*** – É necessário saber distinguir entre o que merece nossa atenção e o que é pura distração. Um exemplo radical: você chega para o trabalho e bate o seu carro na hora de estacionar. Claro, bater o carro é ruim, mas isso não justifica passar o dia inteiro, ou dias, com o pensamento obsessivo e paralisante – 'bati o carro!', 'bati o carro!'. Foi só um acidente, a solução é levá-

-lo à oficina e pronto. Ficar remoendo aquilo só o deixará desconcentrado, infeliz e trabalhando mal.

14. ***Não assumir o comando da própria vida*** – Quando temos essa postura, consideramos que tudo o que acontece conosco é resultado da influência de alguma outra entidade ou pessoa. Se não conseguimos um emprego é por culpa do governo, da conjuntura econômica, dos nossos pais. Esse raciocínio leva à paralisia. A pessoa tem uma resposta padrão para não conseguir atingir as metas que deseja: "Não tem jeito, não posso fazer nada contra esses obstáculos que estão surgindo". A culpa, ele pensa, é sempre dos outros.
15. ***Só enxergar o que quer ver*** – Podemos imaginar alguém que procure o universo das artes, mas com o único objetivo de ser atriz, modelo, cantora de sucesso. Nada mais interessa. Ela só olha naquela direção, enquanto muitas oportunidades passam do seu lado, raspando. Há tanta coisa ao redor: trabalhos como preparador de modelos, cenógrafo, diretor de palco, fotógrafo, assistente de produção, roteirista, mas não, não se vê nada. Não existe visão periférica, de 360 graus. No final, provavelmente o que irá prevalecer será a cegueira profissional e nada acontecerá.
16. ***Não ter um plano B*** – As coisas, por melhor que pareçam, sempre podem dar errado. Portanto, para enfrentar os momentos de dificuldade de trabalho, é preciso ter no bolso uma alternativa profissional, o chamado Plano B. Ainda mais quando se tem família e compromissos. Planos B devem ser, na medida do possível, realistas. No lugar de dizer: 'Ah, se tudo der errado, vou cultivar cogumelos em um sítio!' ou 'Vou abrir um bar na praia!'; ou seja, atividades que nunca foram exercidas anteriormente e dificilmente darão resultado, é mais adequado escolher uma alternativa que seja próxima à sua principal área de atuação. Se os tempos estão difíceis para um músico, por exemplo, sempre é possível dar aulas de violão ou ser *roadie* numa banda. O trabalho como

iluminador está raro? Que tal um bico como eletricista num espetáculo? Quem não tem uma segunda habilidade deve aproveitar os tempos de calmaria para fazer algum curso ou aprender alguma outra atividade. Na hora do aperto, isso pode ser como uma boia de salvação.

17. ***Ajudar com exagero*** – Ninguém vai duvidar da nobreza de auxiliarmos e apoiarmos as pessoas próximas de nós, sejam elas parentes, amigos ou mesmo desconhecidos. No entanto, temos de prestar essa ajuda de maneira racional. Se dermos mais ao próximo do que somos capazes de oferecer, ou iremos à falência ou, antes de chegar a isso, ficaremos com raiva daqueles que ajudamos, vamos brigar com eles, culpá-los pelos nossos problemas e criarmos situações de confusão e infelicidade. É preciso, portanto, bom senso. Sempre devemos ajudar com cautela e realismo, sem que esses gestos de altruísmo nos impeçam também de progredir.
18. ***Manter uma visão limitada de sua atuação profissional*** – Um exemplo explica melhor este item. Um fotógrafo ganha a vida fazendo fotos de casamento. Os noivos o contratam e ele faz fotos do casal antes e depois da cerimônia. Ele recebe um número regular de pedidos para fazer fotos de matrimônios. Nem muito trabalho, nem pouco, no final entrega o mesmo álbum para os dois pombinhos e vai levando a vida de sempre, na rotina. Caso esse profissional possuísse uma visão mais ambiciosa, ele poderia explorar outras possibilidades do negócio. 'Por que só fazer a produção de fotos? Podemos filmar tudo, editar, escolher uma música de fundo e colocar no Youtube ou no Instagram para aqueles que não foram à cerimônia', ele poderia propor. No pacote de possibilidades, o fotógrafo ofereceria uma limusine para levar a noiva até o local do casamento; ou, melhor ainda, que tal um helicóptero? A criação do cenário, os músicos, o buffet, um hotel chique ou pacote de viagens, tudo isso ele poderia colocar no pacote, e lucrar com isso. Este exemplo

mostra como o trabalho nos bastidores pode agregar valor a qualquer atividade na área artística. E esse fotógrafo não precisaria ter um helicóptero ou uma agência de viagens, mas, sim, ter o contato desses fornecedores. Os primeiros passos, certamente, sempre serão curtos e cautelosos, mas com energia, determinação e empreendedorismo o sucesso profissional sempre irá chegar.

19. ***Andar sozinho*** – Ter sempre dois ou três amigos que sejam peritos em alguma atividade relacionada ao seu trabalho com os quais possa trocar ideias toda semana, é algo precioso. As dores, os medos e até os traumas que afligem as pessoas na nossa trajetória costumam ser muito parecidos. Sempre é possível encontrar alguém que passou por dificuldades semelhantes às nossas e que tenha um bom conselho de como podemos superar nossas dúvidas.
20. ***Sabotar a si mesmo*** – Ver séries demais, celular demais, videogames demais, trancar-se no quarto, trabalhar demais. Esses comportamentos desequilibrados no final das contas

temos, contatos profissionais. Essas entradas podem já não ter significado para nós. Se estivermos sempre atentos em atualizar nossa agenda mental, não ficaremos presos a certezas paralisantes, a frustrações.

22. ***Falta de planejamento estratégico*** – De alguma maneira isso já foi mencionado nos itens anteriores, mas o que é preciso reforçar é que planejar os futuros passos profissionais ganha mais eficiência quando isso é seguido de alguns passos formais. Por exemplo, definir de maneira clara qual é o seu objetivo, sua missão. Empresas fazem isso. O Google, por exemplo, tem como sua missão organizar as informações disponíveis no mundo e torná-las acessíveis ao maior número possível de pessoas. Quando somos profissionais ativos e engajados no que fazemos, também temos uma missão: ser, por exemplo, um maquiador que torne os modelos mais belos, ajudando-os a ter uma carreira de sucesso. Também podemos tornar nossa caminhada mais certeira se definirmos os valores que temos ou tentarmos desenvolver alguns dos quais não dispomos ainda. E, por fim, definirmos, como fazem as empresas, a nossa visão, que é onde queremos chegar, empurrados pela nossa missão e valores. A visão do maquiador, poderíamos dizer, seria a de se tornar cada vez mais relevante no mercado em que ele atua; ser reconhecido como alguém competente e capaz de inovar e contribuir para o engrandecimento desse segmento.
23. ***Não diagnosticar os pontos fracos e fortes*** – Todos nós temos o nosso lado mais eficiente e outro que muitas vezes não responde à altura aos desafios que surgem. O recomendável é que façamos esse autodiagnóstico e, sem orgulho e arrogância, reconheçamos as nossas características que são mais positivas para a nossa vida pessoal e no trabalho. Do outro lado, é preciso examinar, também sem derrotismo ou drama, as questões a respeito das quais em geral falhamos, ignoramos ou entendemos de maneira completamente

equivocada. Saber quais são nossos pontos positivos deve servir para nos dar autoconfiança e segurança, quando estivermos diante de situações desafiadoras. Já conhecer nossas precariedades é um passo importante para tentarmos superá-las de todas as maneiras possíveis, pedindo conselhos, fazendo cursos, refletindo sobre elas e nos comprometendo a transformar nossa maneira de ser.

24. ***Não ter coachs ou mentores*** – Alguém com uma formação profissional adequada para nos orientar em nossos passos profissionais, ou que seja capaz de avaliar de que maneira nossos comportamentos podem interferir em nossa carreira, é um trabalho que pode não estar ao alcance de todos, já que coachs e mentores costumam cobrar pelos seus serviços. Se você puder pagar, pague. Se não, coloque na sua lista de desejos. Bons coachs e mentores podem transformar sua vida para melhor. Um mentor, no qual você confie, que seja capaz de ajudar a colocar em sintonia a sua inteligência emocional com sua vida profissional, vale cada centavo investido. Mas se a pessoa não tem recursos, o que costuma acontecer com quem está começando na carreira, há muita gente disposta a dar bons conselhos de maneira gratuita. O que é preciso é manter-se atento e com ouvidos e olhos bem abertos. Posso assegurar que encorajamento e sugestões positivas vêm às vezes de quem não esperamos. Isso já aconteceu comigo várias vezes.
25. ***Não fazer cursos*** – Ouvimos a todo momento como é necessário que a gente se recicle e esteja sempre informado sobre o que está surgindo de novidade nas áreas em que trabalhamos. Ninguém mais ignora que o mundo vem se transformando em uma velocidade como nunca se registrou na história. Fazer cursos, ir a palestras, se inteirar das novidades são, portanto, ações indispensáveis. Mas reciclar-se tem um poder a mais sobre o qual pouco falamos. Algumas vezes costumamos nos sentir mal e desanimados. Isso é

resultado de todas as notícias negativas que absorvemos, de lidarmos com pessoas agitadas e raivosas e por ficarmos, nós mesmos, agitados e nervosos. Mas quando fazemos algum curso sobre um assunto que apreciamos, costumamos nos sentir, ao final, positivos, confiantes e cheios de energia. Conhecer algo novo tem esse poder sobre nós, pois entre todas as informações que recebemos, algumas preenchem exatamente nossas necessidades.

Roteiro inspirador

Tratar de tantos equívocos, como foi feito nas páginas anteriores, talvez possa fazer alguém se sentir assombrado pelo grande número de dificuldades que o trabalho nos bastidores, e em outras atividades, parece colocar no caminho dos profissionais. É mais proveitoso, no entanto, tomar esses 25 tópicos como o roteiro de um caminho que mostra onde estão possíveis travessias perigosas que devem ser evitadas. É com essa intenção que tal lista está aqui apresentada.

Longe de nos desanimar, a leitura desse 'roteiro' pode nos inspirar quatro passos que nos levarão a um caminho mais seguro e feliz pelos bastidores das artes. O primeiro deles é ter claro qual é o seu propósito ao querer se aproximar do mercado artístico. O que você quer atingir? Qual sensação deseja deixar nas pessoas que estão ao seu redor? De que maneira a sua presença poderá transformar para melhor o ambiente profissional em que está se inserindo? São perguntas que, respondidas, servirão para determinar o propósito que temos.

O segundo movimento é entender, levando em conta esse propósito, o que realmente faz você feliz, enche seus olhos de brilho, lhe dá ânimo para, apesar das dificuldades, continuar caminhando. E isso tem de ficar bem claro, ser colocado no papel, como foi dito anteriormente. Quando não há uma especificação profissional bem definida, não sabemos o que pode nos deixar felizes, tudo fica muito aberto e confuso.

A terceira recomendação é: seja um perito! Se você tem um propósito e está claro qual é o trabalho que o fará feliz, aprofunde-se o mais que puder nessa especialidade. Torne-se uma referência de mercado, um profissional do qual ninguém quer abrir mão. Estude, se esforce, observe os outros, peça ajuda, fique próximo dos melhores profissionais. Se destaque na multidão.

Outra dica, sobre a qual ainda tratarei nos capítulos seguintes, diz respeito à importância de termos junto conosco, ou no grupo com o qual trabalhamos, pessoas preparadas para gerenciar as atividades ligadas às artes e ao entretenimento que vão além do trabalho exclusivamente artístico.

Explicando melhor: as produções no cinema, teatro, música, moda e demais atividades artísticas exigem levantamento de recursos, que se pague impostos, assinar contratos, providenciar serviços de alimentação e transporte, honrar aluguéis, contar com o serviço de advogados, motoristas, faxineiros, seguranças e ter o auxílio de profissionais de recursos humanos como acontece nas fábricas de macarrão, em lojas de autopeças, nas empresas exterminadoras de insetos, floriculturas e qualquer outra atividade produtiva.

Todos nós sabemos como os "artistas" acham chatas ou detestam abertamente se envolver com essas tarefas que, no entanto, são indispensáveis para tornar as atividades artísticas sustentáveis econômica e legalmente. Antes que alguém imagine que essa falta de apetite pela parte considerada mais "inóspita" do gerenciamento das atividades artísticas seja algo típico dos artistas brasileiros, eu aviso que esse é um fenômeno mundial. Gente das artes dos quatro cantos do mundo têm dificuldades em lidar com essas tarefas administrativas e executivas.

Venda simulada

Sarah Levi, diretora de VIP da IMTA – International Modeling & Talent Association –, organização que reúne e apresenta novos talentos duas vezes por ano para o mercado americano das artes e é representada oficialmente aqui no Brasil pelo nosso Grupo MGT, falou conosco sobre esse assunto. Quando ministrou aulas na Academia Artística de Chicago, Sarah propunha um exercício para os jovens artistas que consistia em simular que eles estavam em uma entrevista de emprego e deveriam "vender" suas qualidades e falar um pouco a respeito deles mesmos para um empregador imaginário.

"Era uma das coisas mais difíceis para eles", diz. "Os artistas são muito criativos e mantêm o seu foco em cantar, dançar, representar, mas não é natural para eles falar sobre si mesmos ou explicar o que significam sua obra e sua maneira de se expressarem." Isso se aplica também, acredito, àqueles artistas envolvidos em atividades nos bastidores artísticos. Sarah insistia com esses exercícios até que esses artistas passassem a se expressar de uma maneira mais clara, mais convincente e com naturalidade para o mercado.

Por estar em uma organização atuante como é a IMTA e cujo trabalho tem impacto sobre milhares de jovens talentos – a associação realiza dois eventos anuais de grande repercussão no meio artístico, um em Los Angeles e outro em Nova York, apresentando esses jovens ao mercado artístico, de maneira semelhante a como nós da MGT fazemos –, Sarah Levi completou sua formação profissional em um mestrado sobre *Art Management*, Gestão Artística em uma tradução livre, com duração de dois anos.

Segundo ela conta, no curso foram feitos estudos aprofundados em marketing, gestão de pessoas, como empresariar talentos e captar recursos no mercado para financiar as produções. "Todos os meus colegas acabaram trabalhando por detrás das câmeras, nos bastidores de museus, estúdios, em companhias de dança e outros segmentos, fazendo marketing e captando recursos", conta ela.

Embora o mercado americano das artes tenha diferenças marcantes com o brasileiro – lá há mais dinheiro da iniciativa privada acessível para as produções artísticas –, nos Estados Unidos o dinheiro também não cai do céu no colo dos artistas. Ali também há profissionais de bastidores artísticos especializados na parte financeira das artes. Os *fundraisers*, que são os captadores de recursos em português, vão até as empresas, apresentam os projetos dos espetáculos e pedem que estas os ajudem no patrocínio. Lá não existe uma lei federal, como a Lei Rouanet, mas há legislações estaduais e de mecenato que têm uma função similar à nossa legislação.

Outro profissional de bastidor presente no mercado norte-americano é o *grant writer*. Mesmo que não haja uma tradução direta em português para o termo, esse profissional poderia ser chamado de "elaborador de projetos", alguém que conhece a legislação, os termos mais convincentes a serem usados e os humores dos potenciais financiadores de atividades artísticas. Existem esses profissionais no Brasil, principalmente aqueles especializados em enquadrar projetos artísticos na Lei Rouanet e outros instrumentos de incentivos às artes.

Nos próximos capítulos mostraremos os desafios, cursos profissionalizantes e as oportunidades de trabalho em várias modalidades das profissões artísticas dos bastidores, além de depoimentos dados por profissionais dessas áreas.

OS BASTIDORES DO UNIVERSO DA DANÇA SE MOVIMENTAM

Acredito que o ser humano vem dançando desde que começou a andar sobre os dois pés. Danças e rituais em homenagem aos deuses e para se proteger da ira dos deuses; para chamar a chuva e para fazer a chuva parar; para atrair os animais de caça e para espantar os animais caçadores ou; simplesmente para se divertir, conquistar os corações alheios, esquecer e ajudar os outros a esquecerem os desafios da vida. Todas essas razões, das mais singelas às mais graves e repletas de significados, fizeram a humanidade bailar desde sempre.

As coreografias – os movimentos e passos que compõem uma determinada dança –, as músicas e até mesmo a permissão ou a proibição de dançar mudaram ao longo dos tempos, especialmente no Brasil, nação em que culturas de diferentes partes do mundo se embalam nos salões, terreiros, boates, dancings e palcos para exibir e trocar seus passos. Em nosso país, três fortes influências compuseram a coreografia da maior parte das manifestações dançantes nacionais. Os índios que aqui estavam antes dos portugueses, os portugueses propriamente ditos e os ritmos africanos, que atravessaram o Atlântico com os escravos negros, todos dançaram suas alegrias, dores, saudades e esperanças por aqui.

Claro, outros ritmos viriam se acrescentar a essa movimentação, sobretudo após a chegada da família real portuguesa ao Brasil, em 1808, quando a influência da cultura europeia se tornou ainda mais forte. Assim, o primeiro balé que teria sido apresentado no país aconteceu em 1813, no Real Theatro de São João, inaugurado neste mesmo ano no Rio de Janeiro por Dom João VI, chamado hoje Teatro João Caetano[7]. O espetáculo foi dirigido por Louis Lacombe, músico e autor de óperas que acompanhou a comitiva da realeza portuguesa na transferência para o Brasil.

No entanto, transcorreria mais de um século até que a dança clássica começasse a atrair a atenção dos brasileiros. Isso aconteceria

7 Informação disponível em: https://www.todamateria.com.br/historia-da-danca-no-brasil/. Acesso em 14 de maio de 2019.

a partir da segunda década do século XX, quando companhias de renome internacional passaram a incluir o Brasil em suas apresentações, como a do russo Serguei Diaguilev, em 1913, Nijinsky, em 1917, e Ana Pavlova, 1918, que se apresentaram no Teatro Municipal do Rio de Janeiro. A primeira-bailarina da Companhia de Ana Pavlova, Maria Olenewa, permaneceu no Rio de Janeiro e criou uma escola de balé clássico no Teatro Municipal, em 1930[8].

Danças diversificadas

É certo que a dança no Brasil nunca foi só o balé, mas é inegável que o intenso movimento desta época desempenhou um papel de relevância na profissionalização dos dançarinos que viria a seguir. A grande diversidade cultural do Brasil produziu, em consequência, uma diversificada expressão de estilos de dança, fato que sempre atraiu a presença de dançarinos e pesquisadores estrangeiros ao país. Foi assim, por exemplo, que surgiu, em 1956, a Escola de Dança da Universidade Federal da Bahia, primeira instituição oficial de ensino superior da dança no país, dirigida por Yanka Rudzka, bailarina polonesa.

A Segunda Guerra Mundial também incrementou a presença de artistas estrangeiros que, fugindo dos conflitos, trouxeram para o Brasil a dança moderna, modalidade originada do balé clássico que começou a despontar no final do século XIX na Europa.

Juntamente com esses estilos de dança mais, digamos, globais, os ricos e variados ritmos brasileiros também floresciam. Ninguém ignora que o Brasil é "o país do samba", um ritmo que recebe várias versões e variações e sempre está presente em shows, eventos, desfiles carnavalescos, espetáculos nas tevês ou nos teatros, num mercado que se mantém atuante desde o início da metade do século passado, quando os preconceitos e restrições morais e estéticas a essa dança de origem africana começaram a desaparecer.

8 Idem

Há ritmos oriundos de outras partes do Brasil, como o carimbó, dança de origem indígena, alma central dos festejos do Ciro de Nazaré, na Amazônia, que movimenta milhões de pessoas. Ou no forró, dança presente em todo o país, principalmente no Nordeste, que é representada num sem número de eventos e espetáculos. Bumba-meu-Boi, Congadas, Frevo, Maracatu, Quadrilhas e muitas outras manifestações folclóricas têm seus passos, coreografias, vestimentas, arranjos e características particulares que criam oportunidades de trabalho para dançarinos, produtores, coreógrafos e vários outras ocupações nos bastidores musicais.

Fernanda no domingão

Talvez seja essa grande extensão do universo da dança brasileira que facilite a movimentação dos seus integrantes do palco para os bastidores, onde eles encontram hoje grande variedade de ocupações. Foi isso que aconteceu com Fernanda Chamma, que talvez seja a dançarina com formação clássica mais conhecida do Brasil, embora existam outras profissionais de grande competência no país. Fernanda deve grande parte da sua visibilidade à participação, por um longo período, como jurada no *Dança dos Famosos*. Este quadro é uma das atrações do *Domingão do Faustão*, da Rede Globo, programa com altos índices de audiência na programação dominical das emissoras brasileiras.

Apesar das suas qualidades técnicas, especialmente no jazz dance, Fernanda enfrentou dificuldades na carreira de dançarina devido às fortes dores na coluna que sempre sofreu. Essa restrição acabou por afastá-la dos palcos, levando-a para os bastidores da dança, passando a atuar, com grande sucesso, como coreógrafa e diretora artística.

Os obstáculos surgidos na carreira de dançarina não a desanimaram. "Não me senti frustrada por não poder dançar", conta. "Talvez por ser alguém que gostava e tinha facilidade em criar, me senti à vontade com as novas perspectivas. Afinal, o mundo fora do palco é tão rico e apresenta tantas possibilidades. É um espetáculo à parte." Uma dessas riquezas presentes nos bastidores da dança, das quais fala Fernanda, é o trabalho do coreógrafo, o responsável por criar os movimentos de uma determinada dança. Fernanda Chamma, como já foi dito, é uma coreógrafa consagrada, mas vai muito além disso.

"Me dá uma grande satisfação bolar o figurino, me envolver com o cenário, com a iluminação", diz ela, citando atribuições que fazem parte do trabalho do diretor do espetáculo. Ela vai ainda mais longe, ao atuar como diretora de produção em alguns espetáculos. "Também saio à procura de possibilidades de patrocínio", diz. "Sou até mesmo advogada de mim mesma. Porque tudo isso, em alguns momentos, é uma doideira, aprendemos a ser empresários também. O que é fascinante é podermos fazer um pouco de tudo o que faz parte desse universo da dança."

DICA DO MARCELO

No universo dança, o produtor é também conhecido como criador. Aqueles que ocupam essa posição de bastidor são responsáveis por tornar realidade a ideia de um espetáculo. Eles criam, coordenam e viabilizam a coreografia ao articular o trabalho de vários profissionais: do dançarino ao figurinista e iluminador, incluindo nesta lista o maquiador, o músico, o sonoplasta, entre outros. Um criador da dança é um profissional dinâmico. Ele tem conhecimento para atuar em várias modalidades que envolvem a dança, como coreografias de espetáculos teatrais, óperas, musicais e na criação de performances.

Outra bailarina brasileira de estatura mundial, Ana Botafogo, também aponta a função de coreógrafo como um trabalho dos bastidores que pode ter um alcance que vá muito além dos palcos formais. Em 2012, a bailarina Ana Botafogo anunciou que, depois de 36 anos dedicados à dança, iria começar a se preparar para a aposentadoria. À época com 55 anos, Ana – a mais conhecida e querida bailarina do Brasil – decidiu que não mais participaria dos grandes clássicos do balé montados, tanto aqui como no exterior, como fez por muitos anos.

Sapatilhas no Sambódromo

A notícia alcançou grande repercussão no meio da dança. Muitos personagens deram seu depoimento sobre a importância da carioca Ana Botafogo para o balé clássico nacional. Entre elas, uma declaração que define a relevância dessa bailarina foi feita por Thiago Soares, brasileiro e primeiro bailarino do Royal Ballet de Londres, à revista Marie Claire: "Ana é um exemplo de artista: apresentou o balé clássico ao povo, levou as sapatilhas de ponta para o Sambódromo e trouxe mais público para o teatro.[9]"

Ana Botafogo no Sambódromo? Sim, como coreógrafa de comissões de frente de duas escolas de samba, ela atraiu a atenção do público, que a veria com olhos ainda mais simpáticos quando a bailarina atuou como atriz em telenovelas da TV Globo. Seu papel de maior repercussão foi no folhetim *Páginas da Vida*, de 2006, além de participações em episódio do programa *Malhação*, em 2015, e na novela *Viver a Vida*, em 2009.

Uma mostra inequívoca da popularidade dessa bailarina pode ser medida também pelo inusitado das homenagens que recebeu. Como foi o caso da iniciativa do Zoológico do Rio de Janeiro que, em 2014, batizou como "Ana Botafogo", um exemplar de tatu-bola-da caatinga. O animal, que está em extinção, recebeu esse nome porque, de acordo com funcionários, andava de uma maneira "leve e graciosa", como sempre fez a bailarina.

Entre o zoológico e o sambódromo, o mais provável, no entanto, é que seja esse último o que ofereça oportunidades nos bastidores

9 Informação disponível em: http://revistamarieclaire.globo.com/Celebridades/noticia/2012/12/ana-botafogo-nao-quero-mais-ser-escrava-do-bale.html. Acesso em 14 de maio de 2019.

da dança. Ana Botafogo confirmou isso: "Um dos raros convites que aceitei para atuar como coreógrafa, quando estava em plena atividade, foi para fazer a coreografia de comissões de frente das escolas de samba", conta ela. Ana aceitou o desafio.

"Esse trabalho, no entanto, é muito cansativo e tenso." A correria, conforme explica, acontece porque só é possível fazer os ensaios à noite, já que as pessoas que vão desfilar são bailarinos da comunidade e trabalham durante o dia. "Então começávamos às 10 horas da noite a coreografar, ensaiar e tudo terminava à meia-noite, uma hora da manhã."

DICA DO MARCELO

Que conhecimentos um coreógrafo deve ter para tornar-se um profissional de relevância? Ele precisa ter boas noções de música e, obviamente, de dança. É necessário também saber inglês, porque isso lhe dará a liberdade de fazer cursos fora do Brasil. Como a coreografia envolve o movimento dos músculos e membros, conhecimentos sobre anatomia – o estudo da forma e estrutura das partes do corpo -; fisiologia – o conhecimento sobre as funções e funcionamento dos organismos –; e cinesiologia – o entendimento sobre os movimentos do corpo – são essenciais.

Família entra em cena

Embora Ana Botafogo e Fernanda Chamma tenham ampliado de maneira semelhante sua atuação de bailarinas para os bastidores da dança, a maneira como entraram para esse universo se deu de modo bem diverso. Ana recebeu incentivo e apoio da família, que lhe permitiu aprofundar sua experiência no balé clássico em Marselha, cidade no sul da França. Para Fernanda, as coisas se passaram diferentemente: "Minha família não me apoiou na minha caminhada pela dança. Mas também não se opôs. Não me incentivaram a cursar uma faculdade ou algo assim. Meu pai, ao contrário, queria que eu ficasse em casa mesmo, não se importava se eu teria uma formação acadêmica ou não." No entanto, ela enxerga o lado iluminado desse fato: "Penso que, afinal, isso foi positivo, pois me incentivou a perseguir meus objetivos e a dar valor às minhas conquistas".

Essas conquistas garantiram para Fernanda Chama não só realizações e o reconhecimento fora dos palcos, mas também alguns *insights* que ela considera valer a pena repartir com quem se interessa pelas profissões ligadas à dança. O primeiro deles é justamente sobre o valor da persistência: "Com certeza precisamos ter o apoio e a participação de outras pessoas para conseguir atingir nossos objetivos", diz. "No entanto, estou convencida de que as nossas conquistas são sempre solitárias. Talvez devamos colocar esta palavra, 'solitária', entre aspas, mas o que precisamos entender é que essas conquistas dependem exclusivamente do esforço e do desejo da própria pessoa. Nesse sentido, as conquistas são um galgar solitário, pois somos nós mesmos quem precisa querer, buscar as chances, ser criativo e não desistir com facilidade."

Como produtora no teatro musical, Fernanda Chamma trabalha com crianças e adolescentes que sonham brilhar nessa modalidade artística. E percebe que, entre eles, a resiliência, ou seja, a capacidade de se adaptar e enfrentar momentos de dificuldades, muitas vezes deixa a desejar. "Eu percebo que muitos pais desses jovens lhes dão muita coisa de mão beijada. E isso não me parece muito bom", afirma. Esse apoio em exagero faz com que essas crianças e adolescentes não tenham persistência e desistam facilmente de seus projetos, acredita ela. "Assim, quando não são aprovados na primeira ou na segunda audição de que participam, se frustram e não querem mais saber do assunto."

Foi exatamente a persistência que garantiu que os salões do balé clássico se abrissem para Ana Botafogo. A dança chegou cedo para a bailarina, quando ainda criancinha.

As suas primeiras apresentações públicas seriam iniciadas: "Eu já fazia balé todos os dias. Viajávamos bastante. A gente dançava nas praças, em palcos armados nas praias do Rio de Janeiro." A paixão pela dança se aprofundava, Ana sonhava entrar para o Theatro Municipal, mas a sua vontade fraquejou: "O Municipal sempre me pareceu impossível, tanto era assim, que fiz vestibular para uma outra área, queria ser tradutora-intérprete. Pensava que, se não fosse dançarina, seria tradutora. Era o meu plano B."

Nessa época surgiu uma oportunidade para Ana Botafogo fazer seus estudos em Paris, na França. Ana foi morar com um tio, diplomata, e ela frequentava as aulas na Sorbonne, famosa faculdade parisiense. Mas o desejo de fazer balé continuava girando na sua cabeça. "Um dia, li um anúncio de que haveria uma audição para selecionar bailarinos." Ana apresentou-se e foi selecionada.

Dança a 800 quilômetros

No entanto, Ana descobriu que quem fosse selecionado deveria mudar-se para Marselha, uma cidade no sul da França, distante quase 800 quilômetros de Paris. "Meu tio não queria permitir, afinal eu estava sob os cuidados dele e ainda nos meus 18 anos. Mas eu estava decidida. Enviei uma carta para os meus pais – naquela época, na década de 1970, não existia nem a palavra internet, ou e-mail. Me mostrei muito decidida (na verdade, mais decidida do que estava de fato), e isso acabou por convencê-los. Cheguei a Marselha morrendo de medo, mas já nos primeiros dias confirmei para mim mesmo que era de fato aquilo que eu queria para a minha vida. E nunca mais saí do balé."

DICA DO MARCELO

Você pode fazer mil cursos, mas o que vai determinar a sua viabilidade dentro dessa área é o amor, além, claro, da capacidade técnica. Mas o que é esse amor? É a dedicação com que você faz o seu trabalho, em respeito aos outros. É o espírito de doação com que você atua no palco ou nos bastidores. Quando você trabalha com esse tipo de amor, você não pensa só no seu sucesso e age sem egoísmo. No lugar de almejar apenas o seu sucesso, você quer que todos que trabalham ali, nos bastidores da dança, também tenham uma boa atuação e deseja que toda a companhia colha bons resultados. E quando isso acontece, você também sairá ganhando.

Nos anos em que atuou fortemente como bailarina, Ana Botafogo nunca pensou em trabalhar como coreógrafa. "Nessa época, eu só queria dançar. Eu nunca precisei coreografar, porque também nunca fui proprietária de uma escola de dança." Mas depois que ela se afastou dos grandes espetáculos clássicos, passou a realizar algumas coreografias, como as que já havia feito com as comissões de frente de escolas de samba cariocas.

Ao longo da sua carreira, Ana Botafogo tirou o seu sustento exclusivamente da dança. "Muitas pessoas perguntam se é possível viver da dança. Eu respondo que, sim, é muito duro, mas é possível", contou em uma entrevista[10]. "Mas sempre há outras possibilidades dentro da dança, além de se apresentar no palco. São atividades como dar aula de dança, ou seja, ser um professor. Coreografar espetáculos também é uma alternativa. Nesse caso, cursar uma faculdade para adquirir embasamento teórico e noções sobre o corpo humano é de grande importância."

Ana explica por que é necessário que aqueles interessados em dar aulas de dança, uma das profissões de bastidores da área, tenham formação acadêmica. "Quem trabalha com crianças novinhas, de sete a 10 anos, precisa entender a anatomia do corpo humano.

10 Informação disponível em: http://www.balletcristianapacker.com.br/news-pt-br/artigos-de-danca/2012-03-26/ana-botafogo/. Acesso em 14 de maio de 2019.

O professor tem de saber qual musculatura está trabalhando, do contrário poderá lesionar a criança. Há cuidados a serem tomados: não se pode ensinar passos de balé, ou colocar sapatilhas de ponta em uma criança de quatro anos de idade, por exemplo, porque ela não está ainda fisicamente formada."

Aulas de balé para crianças sempre começam com jogos e brincadeiras. Isso porque os músculos, o equilíbrio e a coordenação exigem tempo para amadurecer. É preciso desenvolver a coordenação motora; iniciar a parte de interpretação; musicalização; noções de ritmo. As crianças precisam de brincadeiras, jogos lúdicos para se integrarem no balé, porque os exercícios costumam ser repetitivos e até maçantes. E para um professor conseguir essa integração, é preciso do curso universitário."

Ocupações crescentes

Além de dar aulas de danças e desenhar coreografias, há inúmeras outras ocupações nos bastidores da dança. E elas vêm crescendo. Fernanda Chamma aponta um dos fenômenos responsáveis por isso: "Trata-se do teatro musical, que trouxe grandes espetáculos para o panorama nacional. Esse tipo de apresentação movimentou a dança na área do jazz, do sapateado e mesmo do balé clássico", diz ela. "Não é só o teatro musical, hoje há mais empregos para as pessoas do universo da dança pelo crescimento do número de eventos, peças em locais públicos. Entre outros benefícios, isso vem incentivando os pais a permitir que seus filhos se tornem artistas."

Essa conjuntura favorável vai mais além, afirma Fernanda. Hoje há faculdades que têm cursos voltados para as diversas áreas da dança, há empregos, registro profissional. Há, portanto, uma maior sensação de segurança e seriedade na profissão." Uma outra consequência do crescimento do teatro musical, no entender da bailarina, é que os espetáculos estão cada vez mais elaborados. "Já estamos com uma boa equipe técnica, uma equipe criativa que desenvolveu uma assinatura bem brasileira."

Há, ainda, um outro fator que, Fernanda Chamma garante, impulsionou os aspirantes a trabalhar nos bastidores de todas as artes, a dança incluída. "Longe de mim a ideia de me fazer de vítima, mas o que eu penso é que hoje as coisas estão muito mais suaves no universo da dança do que há 40 anos. Isso porque a internet tornou tudo mais fácil. No passado, quem não tivesse uma família endinheirada que bancasse os estudos fora do Brasil ficava em grande desvantagem. Agora, com acesso fácil e imediato a qualquer lugar do mundo, dá para pesquisar oportunidades, assistir a musicais de renome, ver o trabalho no palco e nos bastidores das maiores companhias e teatros do mundo."

DICA DO MARCELO

Não é porque estamos numa profissão artística que não devemos planejar nossa carreira. Acredito que temos de ter um bom planejamento profissional de bastidor. Por exemplo, se sou cenógrafo, planejo minha profissão como cenógrafo: os cursos que pretendo fazer, metas de onde vou trabalhar, ganhos salariais etc. Mas também tenho de ter um planejamento como empreendedor: me preparo para ser um professor, aprendo noções de administração para abrir minha própria empresa, posso fazer cenografia em casamentos, vitrines, adquirir experiência para produzir um espetáculo. Enfim, pensar no desenvolvimento pessoal e no crescimento estritamente profissional.

É preciso muito *plié*

O que foi criado, no entanto, foi uma rede mundial que interliga computadores e não uma poção mágica que satisfaz todos os desejos de quem quer estar no mundo das artes, sem fazer qualquer esforço. "Não faz sentido ficar plantado na frente da tela e dizer: "pronto!

Assisti a três musicais na internet e já estou pronto para entrar nessa área". Não é assim, é preciso fazer muito *plié* (movimento considerado difícil do balé que exige que se dobrem os joelhos repetidas vezes), suar e sentir dor para tornar-se um dançarino. Também é necessário acompanhar ao vivo as atividades dos bastidores para entender do que elas tratam", avisa Fernanda Chamma.

O que a internet e as redes sociais trouxeram de mais precioso para todos os profissionais foi colocá-los diante das imensas possibilidades oferecidas pela globalização. Mas, sozinhos, esses meios não formam um profissional. "Tenho certeza de que as pessoas hoje em dia têm de ser globalizadas", afirma Fernanda. "Aqueles que procuram o universo da dança precisam conhecer diversas técnicas, os diferentes pensamentos a respeito da música que existem no mundo para agregarem isso à sua própria formação." E avisa: "a internet agrega muito conhecimento, mas não substitui a experiência pessoal, no mundo real."

Há um fator a mais que, quando está presente, manifesta-se como um bem-vindo empurrão para conquistar um lugar nos bastidores do universo da dança: "é decisivo para a empregabilidade que a pessoa se enxergue de maneira correta", afirma Pavel Kazarian, diretor-geral da Escola do Teatro Bolshoi no Brasil. "Uma autoestima baixa, dizer para si mesmo 'eu não sou nada' e 'não vou conseguir nada', ou ao contrário, achar-se o melhor de todos, não irá abrir as portas do mercado."

Nascido em Moscou, pianista desde os quatro anos de idade, e no Brasil a partir de 2007, Pavel garante que aqueles que conseguem avaliar corretamente suas possibilidades são os que maiores chances terão no universo da dança. "Quando você gosta do que faz, mantém sempre aceso o interesse pelo que deseja, mas tendo calma para identificar o momento correto, você consegue tudo o que quer", garante.

Além de ser indispensável ter uma autoestima positiva, como diz Pavel Kazarian, outra atitude necessária para aqueles que procuram seu lugar ao sol é estar sempre atento às oportunidades e locais em que poderão exercer a sua arte. Essas circunstâncias podem ser encontradas em lugares que talvez pareçam improváveis à primeira vista, como condomínios de edifícios, festas de aniversários, casamentos, campeonatos esportivos em escolas, lugares receptivos, por exemplo, às apresentações dos músicos e àqueles que com eles trabalham nos bastidores. As possibilidades de atuação nos bastidores musicais é o assunto que trataremos no próximo capítulo.

COM O PÉ NA ESTRADA DO UNIVERSO DA MÚSICA

Frevo, maracatu, axé e rock. Lundu, ópera e samba. Bossa Nova, choro e baião. Samba-rock, MPB, música caipira e sertanejo-universitário. Música Eletrônica, forró e modinhas. Sinfonias, músicas de câmara e jazz. Jovem Guarda, Tropicália e Brega. Boleros, tangos e polcas. Bumba-meu-boi, Festa do Divino e Chula. Hinos, funk e pagode. Xote, xaxado, marchinhas e Hip Hop. Samba-enredo, música afro, ciranda, repentes... a rica variedade da música brasileira é de tirar o fôlego.

É realmente raro encontrar outros países com uma riqueza musical tão grande e diversificada como a nossa. Se não estivermos no primeiro lugar, certamente frequentamos a primeira fila desse show. Isso porque a riquíssima constituição da identidade brasileira, forjada pela miscigenação de costumes e tradições europeias, indígenas e africanas, trouxe uma alquimia cultural com uma abundância de elementos que poucos países do mundo experimentaram. Com ela, seguiu-se inevitavelmente um repertório bastante amplo de estilos e tradições musicais.

Se tudo isso ainda não for suficiente para nos declararmos como um dos povos mais musicais do planeta, pelo menos é fácil entender de onde vem o forte amor pela música que está presente entre nós. Desde crianças, nós brasileiros temos um contato intenso com múltiplos ritmos e harmonias, o que torna quase inevitável que desejemos fazer parte desse universo.

"Todo jovem quando ganha um violão, pega o instrumento e começa a sonhar... vai ser um sucesso, os fãs vão se apaixonar, será conhecido por todos e se tornará um fenômeno mundial, como os Beatles", diz Luiz Macedo, dono da produtora musical *Jukebox*, em São Paulo. "Mas na maioria das vezes, as coisas não acontecem dessa maneira e entre aqueles que desejam seguir uma carreira musical, não serão todos os que conseguirão se tornar estrelas e viver exclusivamente dos shows e gravações."

DICA DO MARCELO

Em 2018, um amigo de São Paulo, que ia se casar, decidiu contratar músicos para tocar durante a cerimônia. Ele e a futura esposa tinham dúvidas sobre que tipo de música queriam. Fizeram, então, alguns orçamentos. Se fosse uma banda, dependendo do número de pessoas, o cachê chegava a R$ 10 mil. Se fosse apenas um cantor, com voz e violão, o valor podia ser de R$ 5 mil. Um violinista que tocasse a Marcha Nupcial e mais duas músicas, não sairia por menos de R$ 3 mil. Conto isso, para lembrar que não devemos acreditar inteiramente no argumento de que músicos, e aqueles que lhes dão apoio nos bastidores, estão condenados a "morrer de fome", como os pais preocupados e críticos das profissões artísticas costumam dizer. Neste mercado, aqueles que escolhem o segmento em que vão atuar, têm foco, se especializam, ficam atentos às novidades e planejam suas carreiras, podem ter uma vida material estruturada.

Pedras no caminho

Luiz Macedo sabe do que está falando. Quando era adolescente, em Poços de Caldas, no interior de Minas Gerais, tocava trompete na banda da escola, e gostava muito disso. Mais tarde, acrescentaria o violão e o cavaquinho ao seu repertório de instrumentista. Como costuma acontecer na totalidade dos casos, no entanto, a família Macedo se preocupava com o futuro do filho. "Viver de música? Você vai ficar na miséria!". Luiz Macedo até que tentou uma "profissão séria". Seguindo o exemplo de um irmão mais velho, mudou-se para São Paulo e passou no vestibular da USP em Geologia. Mas bastou um ano entre pedras e mapas geomorfológicos, e Luiz Macedo decidiu que o queria mesmo era ser músico.

E quase deu certo. Fora tocar em casamentos e apresentações noturnas em bares da cidade, ele se apresentou com a *Orquestra*

Municipal Jovem; na banda *Sossega Leão*, especializada em ritmos caribenhos; e no *Heartbreakers*, uma big band que se empenhava em tocar salsa e músicas brasileiras dançantes. Essas duas bandas fizeram sucesso entre públicos específicos na cidade de São Paulo na década de 1980, e Luiz Macedo até poderia continuar pulando de banda em banda soprando o seu trompete, caso duas coisas não houvessem acontecido. A primeira: ele próprio chegou à conclusão de que jamais seria um exímio músico no instrumento que tocava e, portanto, não se tornaria um *beatle*, um músico de sucesso. O segundo acontecimento, e este faz todo sentido com o que se escreve neste livro, foi que Luiz Macedo começou a desenvolver uma carreira crescente nos bastidores da música.

O jovem músico havia aprendido a transcrever as músicas que tirava de ouvido para a partitura – aquele impresso que contém pautas com cinco linhas nas quais se escrevem as notas musicais – e a fazer arranjos, ou seja, adaptar melodias de artistas conhecidos para serem tocadas por outros instrumentos e vozes diferentes das originais. Essa habilidade, ele logo descobriria, valia ouro entre os músicos. "Uma banda queria tocar uma determinada canção de sucesso em um baile e perguntava: e agora, quem vai escrever a música? E logo alguém dizia: chama o Luiz, ele escreve". "Passaram-se 30 anos e eu descobri que eu ficara famoso", afirma ele. "Eu fazia a adaptação da música e assinava lá: 'transcrição Luiz Macedo' e até hoje ainda encontro pessoas que me cumprimentam com entusiasmo: você é o famoso Luiz Macedo? Já toquei muitas músicas transcritas por você!"

Ao longo dos anos, Luiz ainda subiria algumas vezes no palco. Deixando o trompete na caixa, se apresentaria como guitarrista na banda paulistana Karnak. Mas já não dependeria mais dos cachês de músico para a sua sobrevivência. Iria tornar-se cada vez mais reconhecido como arranjador. Com o passar do tempo, estabilizou-se como autor de trilhas sonoras e, em 1995, abriu um estúdio, o *Jukebox*, e passou a criar jingles, spots radiofônicos e trilhas musicais. Para Luiz, o sucesso chegou numa profissão dos bastidores da música e, ao inaugurar o seu estúdio, passou também a dar trabalho para outras pessoas que desenvolvem funções longe dos palcos e dos holofotes, mas que atendem aos seus desejos e talentos para atuar na indústria musical.

"Eu criei arranjos e transcrições de músicas para bandas tocarem nos bares, em casamentos, em eventos... só nisso aí já se percebe que há uma série de profissões que estão relacionadas à área artística que não se restringem apenas ao artista de ponta", diz ele. "No caso de uma banda, como os *Heartbreakers*, por exemplo, todos os músicos contribuem para o funcionamento do grupo. Então a banda é o artista. Mas é fundamental ter alguém que vai dirigir o ensaio, ou a gravação da música pela banda. Só nisso aí já temos mais duas profissões, a do arranjador e a do produtor. Mas há mais: cada um desses músicos toca um instrumento. Quem cuida desses instrumentos? Essa pessoa é chamada luthier, que cuida e conserta instrumentos de corda, ou o afinador, que afina um piano ou instrumentos de sopro. E há o importador desses instrumentos... enfim, muitas outras profissões que gravitam em torno da música."

Mesmo para quem consegue um lugar sob a luz dos holofotes e tem oportunidades de se apresentar cantando ou tocando, o trabalho nos bastidores musicais pode ser uma opção, ou muitas vezes a única saída, para levantar algum dinheiro. Não é difícil conseguir um espaço público para mostrar a capacidade musical de alguém. Há vários locais que recebem, e até incentivam, a performance de músicos. Pode-se tocar numa praça, no condomínio, shoppings, praia, em vias públicas (um exemplo, em São Paulo, é a Avenida Paulista e ruas próximas, nas quais é possível conseguir uma licença da prefeitura para se apresentar nas calçadas). Isso sem falar nas apresentações em que os músicos são pagos, como festas, casamentos, bares. Muitas vezes, no entanto, os cachês não se mostram suficientes para sustentar alguém, mesmo quando esse artista tenha hábitos modestos.

DICA DO MARCELO

Atuar nos bastidores do universo da música pode ser tão gratificante quanto estar presente sobre o palco, debaixo dos holofotes da fama. Para ter uma carreira feliz nessa área, há algumas atitudes que podem facilitar em muito o seu caminho e trazer grandes realizações profissionais. Conheça algumas delas:

- ***Escolha entre o palco e os bastidores*** – Antes de tudo, é preciso conhecer, mesmo que de uma maneira ainda superficial, como é o universo da música, em toda a sua extensão. Quais as funções, as dificuldades de cada uma, em quais delas você tem mais possibilidades de êxito. Tendo uma ideia do todo, é mais fácil definir se o que você ama é o palco ou os bastidores.
- ***Procure e faça cursos na profissão com a qual pretende atuar*** – Há vários cursos e tutoriais na internet, inclusive gratuitos. Mas é preciso dedicar algumas horas do seu tempo a isso. Com superficialidade, não se conquista nada. Livros, vídeos, aulas, conferências, o Masterclass (uma plataforma educativa americana, na qual celebridades do mundo das artes fazem palestras – em inglês – sobre suas especialidades) podem lhe dar habilidades que irão posicioná-lo bem no mercado.
- ***Fique próximo das autoridades*** – Acompanhe da maneira mais próxima possível as pessoas que têm experiência, estão sempre trazendo novidades e são consideradas autoridades no que fazem na música. Com elas, você irá adquirir informações preciosas.
- ***Fazer estágios é obrigatório*** – Nenhuma informação teórica substitui a experiência no dia a dia. Passe um tempo ali, ombro a ombro, com os profissionais do setor em que você quer atuar. Você irá aprender dicas fantásticas para a sua profissão e ter vários ***insights***.

Procure oportunidades no meio musical – Observe o que os profissionais dos bastidores não estão fazendo, mas deveriam. Veja quais são os pontos fracos do setor na sua cidade ou estado. De posse dessas informações, ofereça para o mercado exatamente o que está em falta. Por exemplo, se você decidiu tornar-se produtor de videoclipes e os produtores do mercado atrasam suas entregas e são ríspidos com os clientes, há aí uma boa oportunidade de crescimento se você tiver como meta ser pontual e simpático com aqueles que contratam seus serviços.

A hora de descer do palco

"Tenho muitos amigos músicos que passaram por uma mesma trajetória: começam a estudar e a se preparar para estar no palco até chegar o momento em que, de fato, eles entram no mercado", conta o músico e compositor Tonho Costa, que vive em Londrina, no Paraná. "Nessa hora, a realidade vai se mostrando, há momentos bons e outros nem tão bons assim. Mas nos dois casos, chega o momento em que esse artista vai precisar pagar o seu aluguel, ou trocar a corda do instrumento; terá de tomar aula de canto, comprar uma roupa, ter uma assessoria, fazer fotos de divulgação... e aí, se a sua carreira não estiver economicamente estabilizada, ele terá de procurar alguma outra atividade para bancar essas despesas."

Uma das primeiras coisas que esse músico irá fazer para garantir renda extra – ou, muitas vezes, boa parte de sua renda – é tornar-se professor de música, garante Tonho Costa. "Tenho muitos amigos que dão aulas, mas são poucos os que me disseram, em seu início como professores: 'Tonho, eu sempre quis dar aula de música'. A grande maioria queria estar no palco, na estrada, tocando e mostrando suas criações com outros artistas, mas dar aulas de música é uma atuação importante que encontraram para complementar a renda e hoje vários deles adoram o ensino."

Isso não quer dizer que as profissões dos bastidores da música sejam um refúgio para músicos frustrados e infelizes. O próprio Tonho Costa relativiza essa concepção. "Há aqueles que amam formar, preparar artistas e apoiar os artistas que sobem nos palcos, essas pessoas têm sucesso nos bastidores e ainda desfrutam da oportunidade de se manterem em contato com a música por muito mais tempo que a maior parte das estrelas."

O *roadie* na estrada

Há outras atividades ligadas à música que proporcionam a mesma adrenalina de quem está sob a luz dos holofotes. O trabalho do *roadie* é um desses exemplos. *Roadie* – palavra que tem sua raiz em *road*, que significa estrada em inglês – é o encarregado de dar apoio na produção de shows de bandas ou cantores que viajam em turnês. Em geral se ocupam de todas as providências para que a apresentação ocorra, menos a de tocar ou cantar, e estão presentes inclusive no palco durante o show. "O *roadie* é aquela pessoa que, quando o guitarrista da banda sobe no palco, entrega a guitarra já afinada para ele. A bateria do microfone do cantor acaba, o *roadie* está lá para trocar por outro microfone; o artista joga o casaco para o alto, o *roadie* corre lá e pega o casaco e o guarda para o próximo show", explica Tonho Costa.

"É ele que ajuda na preparação do palco e faz os 'primeiros socorros', pois o palco, como qualquer outra atividade, é cheio de imprevistos." O *roadie* tem de entender de música, mas também ser rápido na fita isolante, para executar pequenos reparos emergenciais. Quando o show acaba, é o *roadie* que está encarregado de desmontar os equipamentos e cuidar para que nada se perca ou seja deixado para trás.

Embora muitos *roadies* sejam músicos, e mesmo bons músicos, acompanhar os shows, conviver com os artistas, ir para "a estrada" traz emoção e contentamento similares ao que as estrelas experimentam. E com uma vantagem a mais, pois a carreira dos *roadies* pode ser muito mais diversificada do que a dos artistas principais. "Um bom *roadie* é capaz de trabalhar com artistas de qualquer linhagem musical – sertanejos, roqueiros, MPB ou qualquer outro estilo."

Outra carreira dos bastidores na qual os profissionais colocam o pé na estrada é a de produtor de palco. Este profissional coordena o trabalho de vários outros, entre eles os *roadies*. "Ele é o cara que já não mais carrega a bateria ou troca as cordas das guitarras que se arrebentam nos shows", ensina Tonho Costa. "Agora, ele tem subordinados que fazem isso e a sua função é verificar se todos executaram suas funções, se as guitarras chegaram e estão em ordem, se os microfones foram testados e estão no lugar, se está tudo pronto para o artista subir no palco e, quando o show terminar, se o palco é deixado vazio e os equipamentos retirados com segurança."

Cuidar de 10 palcos

O produtor de palco costuma ser acionado em grandes shows ou mesmo megaeventos, como, por exemplo, o Lollapalooza, grandes festas do Peão Boiadeiro ou Rock in Rio. "O produtor pode trabalhar em uma Virada Cultural e ficar responsável por dez palcos de rua", exemplifica Tonho Costa. "Ele vai ter um carro à disposição, um telefone à disposição para falar com outra meia dúzia de profissionais competentes que vão estar ali, no palco em que o show vai acontecer. Ele vai ligar para eles e dizer: 'fulano comece; fulano espere; fulano vai!" É uma profissão estratégica dentro do mundo da música, ele vai falar com os demais produtores de palco envolvidos em cada show, com a equipe do artista. É muita responsabilidade, precisa ter experiência e conhecer todas as engrenagens e necessidades da atividade musical."

Acima desses produtores de palco, quase sempre há um coordenador, um executivo ligado a uma produtora de espetáculos. Funções executivas no mundo da música são, também, uma ocupação dos bastidores dessa indústria. Muitas vezes o caminho para chegar até esses postos também começa numa carreira musical, segundo diz Tonho Costa, que afirma recordar-se da época das grandes gravadoras, quando muitos produtores musicais se transformaram em executivos. Um pianista que, por ter muitos contatos, acabava por ser uma referência para indicar shows, oportunidades, trabalhos, podia começar carreira nova assim. "Ele conhece quem contrata músicos e quem quer ser contratado; ao final, esse seu bom networking acaba levando-o para ser executivo de uma gravadora", diz.

Tonho Costa fala "da época das grandes gravadoras" no passado porque, embora elas ainda existam, as gravadoras hoje têm um formato diverso do que já experimentaram antes da chegada da internet. Com suas inovações como o Youtube, iTunes e os serviços de streaming, a internet mudou de maneira profunda a dinâmica do mercado. "Os produtores musicais e as gravadoras continuam existindo, mas não no formato de há algum tempo", explica ele. "Hoje funciona mais assim: um produtor ouve algum grupo ou artista, procura os músicos e propõe que eles gravem algo."

Quincy e Michael

Ser produtor musical, ou produtor artístico, como também é chamado esse profissional, é alguém que já possui alguma experiência e prevê as tendências de mercado, ou seja, o que deverá fazer sucesso no futuro. Mas, além de tentar ler o que virá em sua bola de cristal, o que mais faz um produtor musical? Tonho Costa responde a essa questão com o exemplo de um dos mais famosos produtores musicais que já existiram, o americano Quincy Jones, nascido em Chicago, em 1933. Famoso desde os anos 1950 por seus arranjos de jazz e por ser recordista em indicações para o Grammy Award (foram 80), Quincy Jones tornou-se mundialmente reconhecido a partir de 1982, quando produziu o álbum *Thriller*, do cantor americano Michael Jackson (1959-2009). Até 2017, o álbum *Thriller* havia vendido cerca de 66 milhões de cópias em todo o mundo, o maior sucesso em toda a carreira de Michael Jackson.

"Quincy Jones tem um conhecimento musical absurdo, fez trilhas sonoras incríveis para filmes de Hollywood. Era um arranjador, mas ia muito além disso", empolga-se Tonho Costa. Entre os numerosos trabalhos de sucesso de Quincy Jones, *Thriller* se tornaria emblemático por ter quebrado vários paradigmas no cenário musical dos Estados Unidos e, como costuma acontecer, com enorme repercussão em todo o planeta. Entre seus feitos, *Thriller* deu um impulso fundamental na cultura dos videoclipes, quando a CBS, gravadora que lançou o disco, investiu pesadamente na qualidade dos clipes das músicas constantes do álbum (além da música-título *Thriller*, *Beat it* e *Bille Jean* que inauguraram um novo conceito de vídeo musical).

Além disso, tais clipes foram as primeiras músicas do pop negro a serem veiculadas na MTV americana, um canal de televisão especializado em música que alcançou grande sucesso no Brasil entre as décadas de 1990 e 2010, que até então veiculava apenas rock and roll produzido por artistas brancos, conforme afirmou o produtor musical Steve Greenberg, em artigo escrito em 2012 no site da revista americana *Billboard*[11].

A importância de Quincy Jones nesse contexto, enquanto produtor musical, é explicada por Tonho Costa: "No disco anterior a *Thriller*, o *Off the Wall*, Michael Jackson fazia bastante falsete, uma voz toda suave. Nas conversas que ele e Quincy tiveram, foi desenhada uma nova maneira de Michael cantar, mais agressiva e com temáticas mais sociais. Certamente Quincy Jones exerceu grande influência nessa reviravolta no estilo do cantor." Para tornar realidade essa mudança, Quincy foi ao mercado à procura de músicos e arranjadores. "Esse baixo quem vai tocar é fulano, para essa guitarra eu vou chamar beltrano; para esse arranjo de cordas, eu vou chamar fulano da orquestra filarmônica, que vai me entregar exatamente aquilo que eu quero... Michael era extremamente tímido e Quincy conseguiu extrair muito da força e energia que ele passou a mostrar, é isso que faz um bom produtor musical", diz Tonho Costa.

11 Informação disponível em: https://www.billboard.com/articles/columns/pop-shop/473949/michael-jacksons-thriller-at-30-how-one-album-changed-the-world. Acesso em 14 de maio de 2019.

DICA DO MARCELO

Sem ter uma boa formação técnica e experiência na estrada, ou seja, estar de corpo presente nas produções musicais, seja no palco ou nos estúdios de gravação, não se vai muito longe nos bastidores da música. Mas há outras atitudes importantes de serem tomadas que nem sempre são consideradas de relevância por aqueles que estão na área. Uma delas, cada vez mais essencial, é aprender inglês. Isso é extremamente importante para acompanhar cursos, como os que são dados no Masterclass, e para outra atitude também obrigatória: passar algum tempo fora do Brasil. Buscar conhecimento em outros países é relevante, principalmente porque aqui no nosso país já começamos em desvantagem em relação a nações como os Estados Unidos, onde a educação musical é obrigatória e começa já na pré-escola. Ou seja, lá os futuros músicos são desenvolvidos desde a infância. Outra habilidade que costumamos deixar de lado é a de aprender a escrever projetos e captar patrocinadores. Todos os que estão no setor musical precisam de parcerias, e precisamos saber fazer bons projetos para atrair esses parceiros.

Funções simplificadas

No universo da música ainda há espaço garantido para muitos "Quincy Jones". No entanto, os avanços tecnológicos fizeram com que, de certa maneira, algumas funções tradicionais da música fossem simplificadas e ficassem ao alcance de pessoas leigas. "Atualmente uma pessoa com um computador e um teclado consegue simplificar vários passos que eram necessários na produção musical", garante Luiz Macedo, da produtora *Jukebox*.

Não faz muito tempo, explica ele, o trabalho para transformar uma inspiração em uma música pronta para ir ao mercado era dividido entre o compositor e o produtor. Alguém compunha uma música, mas chamava outra pessoa para decidir quais os instrumentos e os timbres eram mais indicados para aquela composição.

"Vamos executar uma flauta ou um teclado nesta passagem? Vamos escrever uma partitura ou chamar um flautista que improvise? E o violão, vamos gravar com o nosso violonista ou com alguém de fora? Como faremos os ajustes dos microfones para gravar a canção?". Esses são alguns exemplos, segundo Luiz Macedo, de algumas das decisões que precisavam ser tomadas. "Agora, uma única pessoa, que pode ser o próprio compositor, tem os recursos necessários para produzir a música. Antes, todas essas questões eram executadas por pessoas diferentes. Hoje, há produções enormes feitas em estúdios domésticos", garante. Funções como operador de mesa de som, alguém que organize os vários cabos que cruzam o estúdio, arranjadores e outros profissionais estão restritos a poucos estúdios de gravação de grande porte.

Se as funções nos bastidores do universo musical estão menos numerosas, não significa de forma alguma que elas se extinguiram. Mas talvez esse mercado esteja exigindo, agora, uma melhor preparação, que não seja apenas específica como também generalista. Conforme vimos, o bom profissional atuante nos bastidores da música precisa conhecer o fluxo, os processos e a dinâmica de shows, gravadoras, festivais e turnês de uma forma completa, ou seja, contar com boas noções de como o todo funciona.

"Se alguém perguntasse para mim como entrar no universo da música, eu responderia que a primeira coisa é conhecer bem o mercado em que se vai atuar", diz Tonho Costa. "Eu já morei no Rio de Janeiro e em São Paulo", conta. "Em cada uma das cidades a recepção para cada gênero de música era bastante diferente. Talvez eu não conseguisse um bom público para um punk-rock no Rio ou tivesse dificuldade em ser do samba em São Paulo. Hoje moro em Londrina, que também tem suas peculiaridades. Veja antes de ir para a estrada, como está o segmento em que você quer atuar. Se você é dedicado, gosta do que faz, está em constante aprendizado, aperfeiçoando-se, e cultiva boas relações no mercado, e estiver no lugar certo, o seu telefone sempre vai tocar."

A recomendação de conhecer bem o segmento do mercado no qual alguém sonha em atuar é extensiva a todas as áreas relacionadas às artes. Mas esse conselho talvez seja ainda mais precioso para os que se interessam pela moda. É que nessa área a oferta de trabalho é uma das maiores entre todos os universos de que estamos tratando neste livro. Calcula-se que existam mais de 300 diferentes tipos de ocupações no setor da moda. Onde estão essas oportunidades? Leia o próximo capítulo e você saberá mais sobre esse setor.

O QUASE INFINITO UNIVERSO DA MODA

Zeca Barreto estava com 15 anos quando foi convidado para participar de um desfile de moda no interior de São Paulo. Com 1,80m de altura, muito magro e olhos verdes, ele preenchia todos os quesitos para iniciar uma carreira de modelo. Zeca experimentou as roupas, ensaiou. Tudo estava OK. No dia do desfile, entrou tremendo na passarela. Caminhou até o fim da pista, deu meia-volta e quando estava já quase chegando no *backstage*[12] uma certeza surgiu para ele: "Nunca mais eu iria desfilar na minha vida! Ser modelo era tudo o que eu não queria! Naquele momento, isso ficou claro para mim!", conta.

Enquanto se preparava para vestir suas próprias roupas, Zeca olhou em volta e viu toda aquela correria, esbarrou nas pessoas agitadas, ouviu todo aquele barulho: "Eu não sabia o que era aquilo. Era uma bagunça generalizada, para dizer bem a verdade. Imagine uma sala pequena, com 30, 40 pessoas trocando de roupa, carregando caixas, gente comendo num canto, se maquiando, tirando fotos.... Eu disse para mim mesmo: 'eu quero fazer isso, que eu não sei nem bem o que é!'".

Com um brilho nos olhos, e já decidido a abandonar aquela que deve ter sido uma das mais curtas vidas de modelo, ele entendeu o que eram os bastidores de um desfile. "Comecei, então, a trabalhar como assistente nos desfiles", relembra. "Eu carregava caixas, limpava cadeiras, esse tipo de trabalho. E hoje, mais de 30 anos depois, continuo e amo os bastidores da moda."

Depois de passar por muitas funções, e hoje trabalhando como scouter – olheiro encarregado de encontrar e preparar modelos – no escritório da Marcelo Germano Talents (MGT), em São Paulo, Zeca Barreto afirma que o mercado da moda é um dos que mais oportunidades de trabalho oferece. "São cerca de 300 tipos diferentes de profissionais", informa. "Muitas vezes uma pessoa quer trabalhar com moda, mas desanima por pensar que não se dará bem na passarela,

12 Palavra inglesa, sinônimo de bastidor, para definir a área não visível para o público na qual os modelos esperam o momento de entrar na passarela.

mas há inúmeras profissões nos bastidores deste universo: estilista, figurinista, costureira, modelista, produtor, fotógrafo, maquiador, cabeleireiro..., algo muito mais amplo do que ser uma modelo ou um modelo que irá desfilar", diz.

Mercado acelerado

E o melhor: esse mercado, que já era generoso, está em franco processo de expansão. "A moda está muito mais rápida do que antigamente", diz Simone Calizotti, diretora-financeira do Grupo MGT. "A internet, os youtubers e os blogueiros produziram um grande impacto sobre a velocidade com que se criam novas coleções e tendências. As pessoas compram e usam roupas por poucos meses e já as descartam para buscarem novidades. As roupas tornaram-se mais baratas e a produção mais dinâmica e ágil, gerando mais trabalho, exigindo mais mão de obra e criando um número maior de oportunidades."

É verdade que as grandes marcas, com estilos exclusivos como Dior, Lacoste, Ralph Lauren, Yves Saint Laurent continuam a ter o seu público seleto e fiel, mas atualmente há uma diversidade enorme de marcas, que fazem lançamentos numa velocidade cada vez maior. "É o que se chama hoje de modinha", diz Simone. As pessoas observam o que os outros estão usando na internet e querem se vestir igual, e o consumo aumenta, fazendo com que os costureiros lancem cada vez mais novos produtos. "Toda hora surge um modelo novo, principalmente de moda feminina. Ou é um tecido, um modelo de blusinha ou um macacão. E isso não para. Os lançamentos não se dão mais apenas nas estações, como era feito Todos os dias surge uma nova moda."

Um dos fenômenos responsáveis por essa rápida sucessão de lançamentos de moda são os influencers, aquelas pessoas que postam vídeos, textos e imagens em seus perfis nas redes sociais e contam com milhares ou até milhões de seguidores, num formato parecido com as antigas colunas dos jornais e revistas. Cíntia Calizotti, Diretora Artística da MGT, atestou a força que os influencers têm no mercado da moda, durante um evento ao qual ela compareceu. "Em um lançamento de coleção que acompanhei, três blogueiras que escrevem sobre moda foram convidadas para a apresentação. Assim que as peças foram exibidas, elas postaram em tempo real em seus perfis no Instagram as roupas; em segundos toda a produção foi vendida. Essa é a nova maneira como o mercado da moda vem funcionando", conta.

Galerinha atenta

Os jovens profissionais que estão chegando neste "novo" universo da moda, no qual as mídias sociais e a internet comparecem com tanta força, têm, como não poderia deixar de ser, uma cabeça "mais digital", analisa o produtor de moda, Ed Benini. Atuando há mais de dez anos como coordenador de backstage para várias marcas no São Paulo Fashion Week, Ed Benini acredita que "a galerinha nova, de 21 e 22 anos" tem grande facilidade em detectar as novidades que surgem na moda.

"Eles são mais atentos ao mundo externo, estão mais focados no que se está usando nas ruas, ao que agrada aos públicos que eles frequentam", explica. "Talvez não conheçam a moda do passado e busquem mais informações na internet do que em livros, mas são mais ousados nas suas produções e transitam bem nesse mercado que hoje se desenvolve sem repressão e com menos tabus." Ed Benini acredita que a nova visão que esses "recém-chegados" têm promete transformar a indústria da moda para melhor. "A moda será cada vez mais inovadora", diz.

DICA DO MARCELO

De todas as áreas artísticas, a moda é a que está mais descentralizada no País. As coisas não acontecem apenas no eixo Rio-São Paulo e há polos importantes em praticamente todas as regiões do País. Mesmo se os maiores eventos ainda estejam nessas duas cidades, também são de grande relevância o Minas Trend, em Belo Horizonte; o Nordeste Prêt-à-Porter, em Fortaleza; Fest Moda, em Salvador; RSModa, em Porto Alegre; O Negócio da Moda, em Balneário Camboriú (SC) e outros. Esse fenômeno valoriza a cultura local, ao traduzir para o vestuário os gostos e tendências da região. Criam-se, assim, galáxias regionais no universo da moda. É claro, isso aumenta as oportunidades para os profissionais dessas regiões.

Mas se as redes sociais e as facilidades da internet estão turbinando esse mercado, elas trazem também desafios que terão de ser enfrentados. Um deles é o aumento da prática de copiar lançamentos e ideias alheias. Basta um clique na câmera do celular, quando ninguém está olhando, e toda a coleção pode ser copiada por alguém, antes mesmo que o próprio estilista que a desenhou apresente sua obra publicamente. "A cópia hoje é muito rápida", lamenta Ed Benini. "Até pouco tempo atrás, uma marca criava sua coleção e organizava um desfile na passarela para apresentá-la, só depois de uns seis meses as primeiras cópias começavam a aparecer."

Por essa razão, Ed insiste com os assistentes que trabalham com ele que o segredo é a alma do negócio: "é proibido usar o celular dentro do estúdio, durante o backstage e comentar com pessoas de fora sobre o que está acontecendo no trabalho, antes que a coleção seja divulgada pela mídia". Ed Benini sabe que para os mais jovens o não poder postar o que eles estão fazendo ou experienciando na internet é quase um sofrimento físico. "Mas é nesse momento que você percebe o comprometimento neles", diz. "Se eles abrem mão de querer colocar suas selfies, de ficar se autopromovendo o tempo todo e passam a ouvir e observar as coisas para aprender, focando-se e esforçando-se em desenvolver um trabalho junto com você, fica claro que eles poderão se tornar bons profissionais."

Notícia uma semana depois

Mas não foi só sobre a capacidade de concentração dos jovens estagiários da moda que a internet produziu impactos. A maneira como a cobertura jornalística dos eventos da moda passou a ser feita transformou-se também de maneira profunda. Na década de 2000, quando Ed Benini iniciou sua carreira como produtor de moda nos desfiles da Fashion Week, o grande público era informado sobre as novidades da passarela principalmente pelos repórteres de revistas e jornais que acompanhavam o evento.

Assim, as novidades só seriam conhecidas no dia seguinte ou, se lidas nas revistas, até uma semana depois. As primeiras coberturas feitas pela internet estavam ainda começando. Os raros jornalistas que trabalhavam para os sites precisavam de algo como quatro horas para fazer o upload das fotos e dos textos comentando os lançamentos. Mesmo assim, só era possível acompanhar o que eles noticiavam pelos computadores. A internet, com suas imagens e entrevistas ao vivo, só chegaria aos celulares anos mais tarde.

Essa mudança tecnológica quase eliminou algumas funções de bastidores da moda, no caso a dos jornalistas da imprensa escrita que durante anos acompanhavam essa indústria, muitos dos quais foram obrigados a mudar de profissão. No entanto, ao mesmo tempo, a tecnologia fez surgir uma nova e mais eficiente forma de divulgar ao público as novidades trazidas pelos estilistas. "Os antigos jornalistas assistiam a todos os desfiles para entender qual era a tendência que tudo que viam parecia indicar, depois sentavam-se diante do computador e sintetizavam o que tinham visto, e enviavam o texto para os jornais", descreve Ed Benini.

"Agora, tudo mudou. Os repórteres, em geral jovens recém-formados, entram no backstage, contam o que estão vendo, mostram o sapato dizendo que essa é a tendência, filmam as roupas desfilando na passarela, fazem uma entrevista e colocam isso em uma story no Instagram. Assim trabalha o repórter-backstage, que traz as novidades para o público dessa forma diferente dos jornalistas do passado. E ele não precisa ter bom texto para passar a informação, é só falar: 'oi, gente, eu estou aqui no backstage do estilista fulano, no desfile, olha que incrível esse vestido, que moderno e fantástico esse sapato!' Eles sabem como falar para as novas gerações", garante Ed.

Esse novo fluxo de informações não está sendo gerado exclusivamente pela produção ao vivo, feita pelos repórteres-backstage. A moda tornou-se acessível a qualquer pessoa que tenha um celular – e isso é o mesmo que dizer quase toda a população adulta brasileira – e se interesse em seguir os blogs especializados em moda e os influenciadores digitais. As opiniões, sugestões e estilos de vida desses digital influencers, como são chamados, certamente são grandes responsáveis pelo surgimento das "modinhas", às quais se referiu Simone Calizotti.

E há mais uma mudança significativa provocada pelas mídias sociais na dinâmica do universo da moda, conforme diz Ed Benini. Se no passado os lançamentos que eram feitos pelos mais importantes estilistas na Europa e Estados Unidos demoravam semanas ou meses para chegar ao Brasil, a internet tirou esse atraso. Além de possibilitarem agora que os desfiles das grandes *Maisons* sejam vistos em tempo real de qualquer parte do mundo, as mídias sociais democratizaram o acesso a essas novidades, mesmo para quem está do outro lado do mundo.

"Eu acompanho todos os desfiles da moda internacional online. Se o estilista italiano Valentino está fazendo um desfile em Paris ou Roma, eu assisto a tudo pelo site dele. Não tenho mais que viajar e fazer um grande gasto, como acontecia antes", diz Ed. Da mesma maneira, os profissionais da imprensa que acompanham a moda ganharam um acesso até então inexistente aos principais eventos da moda, inclusive no Brasil. "Jornalistas do Pará, do Amazonas, do Acre, precisavam viajar até São Paulo, para acompanhar os desfiles do São Paulo Fashion Week. Agora é sentar-se em frente ao computador ou pegar o celular para fazer suas reportagens, como se estivessem no próprio local."

DICA DO MARCELO

Por que é importante ir a eventos da moda, como lançamentos de coleções, desfiles e grandes acontecimentos, como o São Paulo Fashion Week, Moda Rio ou Minas Trend? Porque, além de conhecer as tendências e novidades do setor, é neles que é possível encontrar os melhores designers, os costureiros, os donos de marcas, os especialistas em fashion marketing, ou seja, os melhores profissionais da moda do país ou da região em que você vive. Em outras palavras, não vá a esses eventos só para ver as novidades. Não há melhor lugar para fazer contatos, deixar seu cartão, ou adicionar esses especialistas à sua agenda. Você terá chance de se apresentar, dizer qual é a sua especialidade, fechar parcerias, conseguir estágios ou empregos. Comece a acompanhar essas oportunidades e logo você se tornará conhecido e as pessoas vão se lembrar de você como profissional.

Menos gente nos desfiles

Uma consequência dessa democratização foi que o número de pessoas que acompanhavam pessoalmente os desfiles diminuiu, ao mesmo tempo que aquele frisson e deslumbramento que antecedia as apresentações das novas coleções tornou-se mais contido, afirma Ed. Afinal, ninguém precisa mais sair correndo e empurrando pessoas para ver a produção de estilistas famosos. Está tudo online, ao alcance de todos. "Mas isso não significa que o interesse pelas coleções diminuiu. Ao contrário, ele ficou ainda maior, tornando a moda mais criativa, pois as pessoas veem um vestido da alta costura, que acabou de ser apresentado, e já começam a usá-lo como referência de modelagem, ou copiam a cor e a moda se torna muito mais movimentada e variada.".

A Diretora-Artística da MGT, Cíntia Calizotti, concorda que os desfiles são fundamentais para o mundo da moda, mas lembra que o fascínio que o glamour da passarela costuma exercer sobre os jovens pode fazer parecer que este é o único trabalho que vale a pena desempenhar no universo da moda. "Quando olhamos para um lançamento, costumamos nos impressionar com as luzes, a beleza dos modelos, as roupas deslumbrantes que vestem e podemos acreditar que são esses jovens que desfilam que têm os mais relevantes trabalhos na moda. Mas não é assim. Os modelos são, por assim dizer, cabides nos quais as roupas são colocadas", explica Cíntia.

É claro, ela não está desmerecendo a importância dos modelos, que podem fazer uma grande e positiva diferença no sucesso de uma determinada coleção. O que Cíntia Calizotti sabe é que as passarelas são apenas a ponta de um enorme iceberg que faturou US$ 51,6 bilhões, em 2017[13]. Os eventos de desfiles, é verdade, geram várias oportunidades de trabalho por si mesmos, mas o que é mostrado ali é o resultado da produção de mais de 27 mil empresas que mobilizam, direta e indiretamente, cerca de 9,5 milhões de trabalhadores no país[14].

O passo a passo da passarela

A força desse segmento, e o seu bom potencial de gerar empregos, pode ser entendido melhor se examinarmos o passo a passo de como um desfile para apresentar uma nova coleção é organizado. Dessa maneira, podemos ver claramente quais são os profissionais envolvidos e que oportunidades de trabalho existem nos bastidores da moda.

Acompanhe a explicação dessas etapas dada por Zeca Barreto:

"Tudo começa quando um estilista de uma marca de moda cria uma coleção. O dono da marca aprova o que saiu da prancheta do estilista e dá sinal verde para que as peças comecem a ser produzidas. Para divulgar a sua

---

13 Informação disponível em: http://www.abit.org.br/cont/perfil-do-setor. Acesso em 14 de maio de 2019.

14 Idem

produção, ele decide realizar um desfile. Para isso, chamará um produtor de moda, que é a pessoa que irá fazer os contatos, montar e fazer toda a parte estrutural do evento. Junto com o estilista e dono da marca, esse produtor vai estudar quantos modelos participarão, quantas peças de roupa, que tipo de luz e de passarela serão usadas.

Para escolher os modelos, o produtor de moda vai precisar de um produtor de casting (casting é o processo de seleção dos modelos). Este profissional vai procurar, junto às agências de modelos principalmente, os tipos físicos considerados mais apropriados para apresentar a nova coleção. Serão modelos masculinos e femininos? Jovens, modelos de meia-idade, magros, plus size? Modelos negros, orientais, ruivos, morenos? Haverá crianças desfilando?

Chega o dia da prova de roupa, que é quando será visto na prática se aquelas roupas e acessórios ficarão bem nos modelos selecionados. Nem todos serão aprovados pelo dono da marca, ou pelo marketing da empresa ou pelo estilista.

Como esse produtor é o principal responsável pela organização geral, ele também se encarregará de contratar outros profissionais que estarão nos bastidores, como maquiadores; passadeiras; camareiras; cabeleireiros; uma empresa de catering, para alimentar todos os envolvidos; fotógrafos, iluminadores, responsáveis pela trilha sonora etc.

O estilista, junto com o produtor, decide como será a maquiagem e o penteado dos modelos e escolherá os acessórios capazes de realçar as peças que serão apresentadas. Também a sequência de entrada dos modelos na passarela com as peças da coleção é algo que cabe ao estilista determinar, embora essa decisão costume ser compartilhada com o produtor e outros participantes.

Há ainda vários outros profissionais que também terão um papel a cumprir na construção estética do desfile. O ambiente a ser criado pela iluminação, pela escolha das músicas, até mesmo o cheiro das salas e as cores das cadeiras e dos objetos no ambiente também são decididos por esses profissionais."

Esta descrição das etapas necessárias para que um desfile passe de uma ideia na cabeça para o concreto mostra a relevância da atuação executiva dos produtores de moda. Mas como se tornar um deles? Embora os candidatos a assumir tal função só tenham a ganhar se cursarem uma faculdade de moda e sempre procurarem cursos e atualizações, Zeca Barreto indica que o caminho mais usual é começar modestamente, auxiliando um produtor já experiente.

"É assim mesmo, aquele início básico, segurar o celular, anotar recados, funcionar como um fiel escudeiro do profissional e ir observando todas as providências necessárias, todos os problemas, as frustrações e acertos da atividade", diz. "É preciso botar a mão na massa." Todos os produtores precisam de um assistente e vão sempre escolher algum, afirma Zeca Barreto. Isso exige que aqueles que pretendem seguir a carreira se aproximem desses profissionais. Ir a desfiles e lançamentos de coleções torna-se então obrigatório para chegar até esses produtores.

Falamos sobre o produtor de moda, mas vamos analisar um pouco mais qual é o papel do estilista nesse universo. "É ele quem tem a primeira ideia do que será a coleção", diz Simone Calizotti. "O estilista está sempre observando o que acontece no universo da moda, nos principais centros do mundo, conhecendo as tendências e, a partir daí, irá propor uma coleção que atenda essas necessidades de mercado, mas que também contemple a sua própria visão do que é uma moda de qualidade."

Por exemplo, o estilista vai preparar uma nova coleção. Em geral, toda a coleção para a moda primavera/verão é preparada um ano antes, para atender aos prazos necessários de produção e divulgação. Se o tema escolhido é floral, ele vai decidir quais as estampas de flores irão integrar as peças, quais as cores, os tecidos que melhor se adaptam a essa temática, em outras palavras, vai definir o conceito da coleção. O passo seguinte é decidir que peças serão usadas naquela estação: Vestidos? Bermudas? Camisetas? Só então ele dá início às criações: um vestido com uma estampa de flor rosa, camisetas com estampas azuis e por aí vai.

Habilidade construída

O que torna um estilista competente no que faz? Há vários requisitos. Cursar uma faculdade de moda, por exemplo, é um passo decisivo, mas há outros fatores. Embora desenvolver um senso estético apurado seja algo possível de ser feito em qualquer momento da vida, essa costuma ser uma habilidade que precisa ser cultivada desde a infância. Ela virá na dependência do contato que temos com referências artísticas de qualidade, da convivência com pessoas que incentivem nosso espírito investigativo. Também é imprescindível a leitura de livros de arte, revistas, assistir a programas que tratem de moda, ir a galerias, museus, exposições, desfiles de moda. Acompanhar estilistas já consagrados e ter um olhar atento sobre o que está sendo usado como moda nas ruas completam esse quadro.

"O estilista é quem cria as peças, mas elas só vão existir de fato depois do trabalho de modelagem e de costura", alerta Simone Calizotti. A modelagem começa com o desenho feito pelo estilista das peças que irão compor a vestimenta, o que hoje é feito em programas de computador, e que irão servir de moldes para o corte delas no tecido. "Uma blusa, por exemplo, é formada por cinco partes: as duas mangas, a parte de trás, a parte da frente e a gola", explica Simone. "O modelista vai cortar as peças de maneira a proporcionar um caimento final perfeito e adaptá-las para facilitar o trabalho de costura. Depois, elas são dadas para as costureiras que, finalmente, irão montar a blusa com todos os detalhes que foram planejados."

O processo começa, portanto, com esses três profissionais de bastidores: o estilista, o modelista e o costureiro. Embora o trabalho criativo seja feito em grande parte pelo estilista, o modelista e o costureiro têm papel relevante nesse processo criativo, pois são todos os três que irão preparar a peça-conceito, ou seja, a peça-piloto, ainda feita à mão, da blusa, do vestido ou da calça. Essa peça-piloto permite que sejam verificados seu caimento, o melhor aproveitamento de tecido e outros detalhes de produção.

À primeira vista, o trabalho do modelista parece ser técnico e não exigir mais do que o domínio dos instrumentos necessários para cortar tecidos. Mas é preciso ter uma habilidade próxima da de um artesão, principalmente para lidar com materiais com consistência e densidades tão diversas quanto o couro, lycra, malhas, seda, crepe, entre outros. A costureira, por sua vez, tem relevância das mais estratégicas para o sucesso da coleção. É ela quem dá vida e forma ao que foi pensado pelo estilista.

"Não é um trabalho fácil", diz Cíntia. "A costureira costuma ficar horas sentada na máquina, mas com frequência irá costurar ou bordar à mão o que exige, além de habilidade, que ela tenha criatividade e bom gosto." As faculdades de moda também oferecem ensinamentos sobre costura, mas apenas o básico da profissão. Aqueles interessados em seguir uma carreira como costureiro terão de se empenhar em uma formação mais técnica, aprender a utilizar máquinas que, em muitos casos, são sofisticadas e complexas.

O trabalho de estilistas, modelistas e costureiros não se materializa exclusivamente nos desfiles. Mas, de novo, o bom desempenho de seu trabalho é indispensável para o êxito da apresentação na passarela. E esses eventos têm grande importância para o sucesso comercial das peças que saem dos ateliês e indústrias. Por essa razão, as profissões dos bastidores dos desfiles são de grande relevância para o setor.

DICA DO MARCELO

Temos de conhecer com profundidade o ecossistema dentro do qual o universo da moda se movimenta. Isso quer dizer ter informações sobre todo o processo que tem início na colheita do algodão, no campo, até as passarelas, o marketing, a indústria química envolvida e os planos de negócio do setor. Conhecendo toda a rede produtiva, teremos mais informações para entendermos em que ponto dessa cadeia poderemos nos sair melhor, além de termos os elementos necessários para tomar decisões profissionais mais assertivas e atingir melhores resultados.

Maquiagens conceituais

Sendo assim, vamos detalhar um pouco mais quais outras oportunidades de trabalho existem em torno das passarelas. Zeca Barreto já expôs a importância do produtor de moda nesses eventos. Cíntia Calizotti destaca outros profissionais que se movimentam nos bastidores para garantir que o evento transcorra de maneira satisfatória.

"Profissionais como os cabeleireiros e os maquiadores que atuam em um desfile trabalham de uma maneira diferente dos cabeleireiros e maquiadores dos salões de beleza comuns", explica ela. "A maquiagem para um desfile é muito conceitual, não é uma maquiagem simples, como a usada no dia a dia. O maquiador precisa entender claramente a proposta estética que o estilista está trazendo para aquela coleção e isso pode exigir maquiagens que, fora do ambiente da passarela, seriam consideradas muito loucas!"

O mesmo acontece com os penteados que, também, devem seguir a linha geral da coleção. "Às vezes o cabelo é todo espetado, outras vezes exageradamente enrolado", diz Cíntia Calizotti. Mesmo que tenham de seguir a inspiração estética do estilista, os cabeleireiros e maquiadores experientes costumam fazer sugestões ou surpreender a produção com ideias que irão valorizar ainda mais a beleza do desfile. Mas essa criatividade é até certo ponto controlada para não se correr o risco de fugir do que foi acertado. Zeca Barreto explica: "Tanto é assim, que no dia do desfile é deixada uma prova de maquiagem diante de cada bancada no backstage – uma foto de uma modelo maquiada da maneira definida anteriormente – para que os demais maquiadores façam exatamente o que foi pensado, e não coloquem cada um a sua própria ideia."

Um cabeleireiro que pretenda atuar em desfiles precisa dominar inteiramente a parte técnica da profissão, principalmente no que diz respeito aos penteados. Isso porque no backstage ninguém vai usar produtos químicos no cabelo dos modelos, e o visual necessário será feito apenas com pentes e escovas. "Esse profissional, mesmo que não vá usar químicos, tem de estar sempre atualizado sobre as novidades em produtos para o cabelo que estão no mercado. Deve se informar sobre o lançamento de uma nova marca mais eficiente, um gel, uma máscara, um novo produto que dá efeito molhado ou um efeito seco e, sobretudo, estar sempre acompanhando o que está sendo usado nos desfiles mais relevantes pelo mundo, adotando aquelas novidades que dão bons resultados", ensina Zeca.

Vestir e preparar os modelos para o desfile

Se os maquiadores e cabeleireiros são os responsáveis pelo visual dos modelos, as camareiras são as que fazem com que eles se encaixem nas roupas que serão mostradas. Quem já esteve no backstage de um desfile grande sabe como é impressionante a velocidade com que essas profissionais se movimentam para passar as roupas, vestir os modelos e, o mais desafiante, executar acertos, costuras e até remendos nas vestimentas já no corpo dos modelos. Elas são responsáveis por deixar as roupas impecáveis, ou seja, limpas, sem retoques, nada daqueles fiozinhos dependurados ou barras soltas.

No momento da montagem, a modelo fica paralisada, como estátua, enquanto as camareiras, o cabeleireiro, a maquiadora literalmente montam a roupa e fazem os últimos retoques sobre o corpo delas. "Muitas vezes as roupas de desfile têm muitos elementos que devem ser montados na hora e, por isso, precisam de ajustes", afirma Zeca Barreto. "Isso sem contar os imprevistos, como um movimento brusco que faz soltar algum detalhe da vestimenta ou, como acontece com frequência, a roupa pode ser um número maior do que o modelo e alfinetes e pontos de costura são providenciados para fazê-la cair bem no corpo". Ao final do desfile, as camareiras recolhem as roupas, colocam nas embalagens corretas e as entregam ao produtor.

Já com suas roupas, os modelos que entrarão na passarela precisam saber como deverão desfilar. Como irão andar? Darão alguns passos no ritmo da música da trilha preparada pelo DJ? Ou estarão sérios e comportados? Tudo isso é determinado pelo diretor de desfile, outro profissional dos bastidores. "Ele é o maestro que vai orquestrar todos os movimentos", explica Ed Benini. "Esse diretor vai criar toda a história da apresentação, todo o tema, toda a linguagem, toda a imagem. Também tem a função de contratar os profissionais que irão auxiliá-lo a produzir o desfile."

O braço direito do diretor de desfile é o coordenador de backstage. Sua função é organizar toda a movimentação na retaguarda do desfile, o que não é uma tarefa simples diante da velocidade com que tudo acontece e a grande quantidade de pessoas envolvidas. Caberá a ele providenciar para que todo o show aconteça no horário determinado, que todos os modelos estejam prontos e que entrem na passarela no momento exato.

Andar pela passarela não é algo que se faz com a mesma despreocupação com que nos movimentamos por um corredor de supermercado. Há uma postura mais ou menos padronizada – o olhar à frente, a boca fechada, o andar ereto, um pé à frente do outro, a paradinha com pose no final da passarela. Como não é maneira natural de caminhar, isso é ensinado pelo instrutor de passarela, outra importante profissão dos bastidores no universo da moda. Muitos desses instrutores são ex-modelos ou alguém que, bom observador, passou algum tempo envolvido diretamente com desfiles.

Mas de onde vêm esses modelos, que serão, afinal, os personagens de maior destaque nos desfiles? Todos nós já ouvimos histórias de garotos e garotas que foram descobertos por um olheiro na rua, numa festa ou mesmo dentro de um ônibus ou metrô e que teriam se tornado modelos de sucesso mundial. Essas coisas acontecem de verdade, mas os organizadores de um evento de moda costumam recorrer a um caminho mais fácil e rápido para contratar esses profissionais, que é buscá-los em uma agência de modelos.

Mesa dos bookers

Uma agência de modelos funciona como uma empresa que oferece e vende o trabalho de modelos para desfiles, campanhas de lançamento e para peças publicitárias principalmente para a indústria da moda. O encarregado de 'vender' o trabalho dos modelos é chamado booker, que é quem faz o casting e fornece os modelos com as características solicitadas pelo produtor de moda, pelo estilista ou pelo dono da marca. "O produtor diz para o booker quanto tem de dinheiro disponível para o cachê, as medidas desejadas dos modelos, os tipos físicos, explica qual é o produto que será vendido, quem será o fotógrafo (no caso da publicidade), datas do desfile e outros detalhes; e o booker irá procurar modelos que atendam a esses pedidos e aceitem trabalhar pelo valor do cachê oferecido", ensina Zeca Barreto.

As agências maiores empregam vários bookers que são subordinados a um gerente, o head booker. É da chamada "mesa dos bookers" que vem o faturamento da agência de modelos. Esses bookers recebem diferentes nomes de acordo com a especificidade de seus trabalhos. O booker comercial, por exemplo, trabalha para catálogos, mídias digitais, desfiles de marcas comerciais, portfólios de fotógrafos. Ele também tem a responsabilidade de ler contratos, observando detalhes como termos de exclusividade e o tempo que os comerciais, nos quais estão retratados modelos da agência, serão veiculados nas mídias.

Já o booker fashion sugere modelos para estilistas e se encarrega de cuidar da documentação e dos contratos dos modelos envolvidos no mercado fashion. Cabe também a este booker fashion fornecer profissionais para as revistas de moda que irão produzir os chamados editoriais de moda, que são reportagens usando modelos vestindo os últimos lançamentos. Existe ainda o booker internacional, encarregado de gerenciar a carreira internacional dos modelos, fazendo contatos com agências estrangeiras, preparando a documentação daqueles que vão tentar a sorte fora do país.

Todos esses bookers, quando trabalham em agências de maior porte, têm um ou mais assistentes, ou seja, mais uma possibilidade de trabalho nos bastidores da moda. "Tais assistentes são, em geral, estudantes em alguma faculdade de moda, que foram indicados por alguém conhecido da agência, ou conheceu o booker em algum evento. Para terem uma carreira de sucesso precisam, antes de tudo, gostar de moda, gostar de gente, se interessar em fazer vendas e ter iniciativa", explica Zeca Barreto.

A 'iniciativa' da qual ele fala deve ser entendida como a exigência cada vez mais presente na carreira dos bookers de que eles sejam proativos na procura dos potenciais clientes, e não fiquem sentados à sua mesa esperando serem procurados. "O que se espera é que eles peguem o telefone, mandem e-mail, entrem no Skype, que vão até o escritório dos clientes mostrar os modelos: 'Ela é incrível, é a cara da sua revista, do seu produto, você pode vê-la? Podemos ir aí? Ah, então vou mandar fotos.' É esse tipo de iniciativa que se espera deles", diz Zeca.

DICA DO MARCELO

A UniCesumar é uma universidade localizada em Maringá, no interior do Paraná, que se destaca pelos seus cursos a distância, inclusive voltados para a moda. Há, claro, muitas outras boas universidades, mas gosto das dicas que a equipe da UniCesumar dá para quem está entrando no universo fashion. Cito algumas delas.Conheça, primeiro, o mercado de trabalho e as suas facilidades e desafios na sua região. Defina o seu foco, ou seja, em que você se tornará perito e o modo como poderá estudar (se será presencial ou a distância). Desenvolva competências desejáveis para a área, como aprender inglês, que é fundamental, sabendo que é desejável também falar francês e italiano, idiomas importantes no mundo da moda.

Há, ainda, cursos livres importantes para essa profissão, como desenho e modelagem, corte e costura. O Senac oferece vários cursos técnicos na área da moda.

Há ainda um outro booker nas agências que tem ao seu cargo uma tarefa delicada, a de receber os modelos que têm contratos com a agência, principalmente quando são jovens, inexperientes e vieram para a capital de alguma cidade menor. Chamados de 'booker new face', ou seja 'booker das caras novas', eles cuidam dos modelos de uma forma que poderia ser comparada aos cuidados de irmão mais velho.

"Além de acompanhar a escolha de onde esses modelos vão morar, mostrar-lhes a cidade, acompanhá-los para comprar roupas adequadas e providenciar documentos, esse booker new face também irá funcionar como uma espécie de tutor desses jovens", ensina Zeca Barreto. Vai garantir que eles frequentem aulas de passarela, permaneçam dentro das medidas corporais, que fiquem em contato para a eventualidade de um trabalho, que se mantenham saudáveis e longe de perigos."

Luz e som

Já adequadamente treinados e aprovados pelos produtores, os modelos finalmente entram em cena e começam a percorrer a passarela. Seus cabelos, a maquiagem e, com certeza, as roupas que usam irão provocar impacto e atrair a atenção do público. Mas a atmosfera, a emoção do show só será completa caso mais dois elementos – também conduzidos por pessoas que atuam nos bastidores do universo da moda –, entrem em cena. Trata-se da iluminação e da trilha sonora, elementos que também deverão estar afinados com o conceito geral do desfile.

Um iluminador competente deve dominar os conhecimentos técnicos que lhe permitam saber quantos canhões de luz serão necessários para conseguir a iluminação desejada para o tamanho da passarela ou produzir algum efeito especial que foi planejado. Isso é de grande relevância já que não é incomum que um desfile seja prejudicado por uma iluminação inadequada. "Já presenciei desfiles em que o dono da marca diminuiu o número de canhões de luz, para economizar dinheiro, e a luz não foi suficiente para mostrar as roupas de maneira adequada. Certamente ele não entendia de iluminação e não deu atenção ao produtor ou ao iluminador, que entendem do assunto", conta Ed Benini.

Da mesma maneira, o DJ contratado para produzir a trilha sonora deve ter o conhecimento necessário para um projeto de som adequado. Isso significa saber quantas caixas de som deverão ser utilizadas, se o local tem acústica que exija equipamentos extra. Como todos os outros integrantes dos bastidores do desfile, o responsável pela trilha irá selecionar as músicas que serão tocadas durante o desfile, junto com o produtor e o estilista. Além de escolher uma trilha que se harmonize com o projeto estético do desfile, esse DJ também terá de saber que músicas poderá tocar sem pagar os direitos aos seus autores ou quais delas têm direitos autorais a serem honrados. Não é, portanto, algo a ser feito por amadores.

DICA DO MARCELO

Estamos na idade da informação acelerada. Cada vez há mais conhecimento sendo ofertado em cursos, mídia social, programas de televisão, ferramentas e métodos de trabalho. É impossível alguém absorver todos os conhecimentos profissionais de alguma área produtiva. Essas mudanças estão exigindo cada vez mais especialistas para atender às necessidades dos setores econômicos. É o momento, portanto, de tornar-se perito em alguma coisa, de dominar com profundidade um determinado conhecimento. Na moda, já acontece isso. Nós temos o designer, aquele que sabe pregar botões, um especialista no corte, o cara que é muito bom em tingimento, o que é excelente na costura. Em conclusão, temos de ser autoridade em algo, ser muito bom naquilo pelo que temos paixão. Há centenas de possibilidades na moda. Falam em 303 diferentes especialidades. Talvez eu possa ser um expert em três situações dessas e dar palestras e trabalhar com essas funções.

Fotografando magia

Outra ocupação de bastidores que exige profissionais qualificados é a do fotógrafo de moda. Fazer fotos de roupas, de modelos e de desfiles tem desafios particulares. Saber lidar com luz e cor é uma habilidade que se requer de qualquer fotógrafo competente. Mas é consenso entre os profissionais que iluminar com precisão a pele humana, cabelos, rostos apresenta alguns graus de dificuldade a mais do que registrar a imagem de outros objetos.

Há quem defenda, como faz Zeca Barreto, que uma das principais qualidades de um bom fotógrafo de moda é ter um 'olhar fotográfico'. Eis como ele se explica: "Não adianta ter o melhor equipamento, o melhor estúdio para fazer fotos, estar no melhor endereço do mundo, se o fotógrafo não tiver esse olhar fotográfico. Isso significa que esse profissional deve ter a sensibilidade de olhar uma cena, a pose do modelo e conseguir registrar a magia de um instante. Muitas vezes é uma foto simples, sem grandes truques técnicos, mas que sensibiliza e encanta quem a vê."

Na opinião de Zeca Barreto, técnicas de fotografia, como usar luz e sombras, ter desenvoltura no uso do Photoshop – um programa que permite fazer retoques em imagens – e outros recursos são coisas que podem ser aprendidas, mas o 'olhar fotográfico' vem com a prática e a experiência pessoal do fotógrafo. Cíntia Calizotti complementa sobre esse profissional: "Há fotógrafos que são tão bons que não precisam tratar as fotos que fizeram. Eles sabem identificar o melhor ângulo do modelo, entendem de iluminação e vão criando outras habilidades mais sutis, indispensáveis para um bom profissional, na medida em que sua experiência aumenta."

Há ainda outro olhar indispensável que esse profissional precisa ter: uma "visão de venda". Ou seja, mesmo que o esperado é que ele faça belas fotos, com a qualidade de uma produção artística, elas sempre terão como finalidade despertar o desejo do cliente de comprar o que está sendo mostrado. "O fotógrafo não pode se esquecer de que é o material produzido por ele que irá vender o produto. Assim, o olhar desse fotógrafo colocado no material que produz deve estar voltado para destacar a blusa, o vestido, os sapatos e torná-los atraentes para o mercado", destaca Cíntia.

Profissional da imagem

Há outras profissões ligadas ao universo da moda que não necessariamente envolvem a participação em desfiles. O personal stylist, ou consultor de imagem, é uma dessas ocupações. Trata-se de um profissional que, após uma entrevista e pesquisa sobre os gostos e estilo de vida de seu cliente, sugere o uso de roupas e adereços que combinem com a personalidade e atividades que essa pessoa exerce.

"Podemos pensar como exemplo em alguém, em geral uma personalidade pública, que frequenta eventos nos quais a sua maneira de se vestir tem importância. O consultor de imagem irá sugerir as peças mais adequadas no guarda-roupa do cliente a serem usadas, ou mesmo recomendará que descarte tudo aquilo para adotar um novo vestuário que se harmonize com a personagem que o cliente precisa ou quer adotar", explica Simone Calizotti.

Como as demais ocupações nos bastidores, consultores de imagem também encontram na faculdade de moda e em vários outros cursos a base para chegarem ao mercado de trabalho já com boas chances de iniciarem uma carreira de sucesso. Procurar ter uma formação organizada e estar sempre se informando é um conselho precioso dado por Simone, Cíntia, Zeca Barreto e Ed Benini.

Olho no mundo

Se é consenso que a formação acadêmica é de grande relevância, Ed Benini considera igualmente essencial ter um olhar e um entendimento que vão além das fronteiras do universo da moda. "Não é suficiente para os que fazem moda falar apenas de cor, estilo ou tecidos. Hoje temos também de entender de sociologia, estarmos atentos à política, à economia, acompanhar as notícias, ler revistas, sabermos que houve uma alta do bilhete do metrô e que isso provocará reações", diz ele. "Os fatos do dia a dia têm repercussão sobre o que as pessoas pensam, o que estão sentindo. E tudo isso é essencial para não perdermos o contato com o humor das ruas, algo que irá determinar as tendências e a receptividade aos lançamentos da moda."

"Para as pessoas que amam a moda e querem fazer parte dela, há diversas opções de atuação profissional. Alguém que não goste de desenhar ou não tenha vontade de costurar, pode encontrar seu espaço no mercado trabalhando na combinação de peças umas com as outras, na produção de grandes eventos, no marketing da área, como blogueiros e digital influencers", diz Cíntia. "Tem gente que se sente realizada montando vitrines, que é um trabalho de grande importância nesse universo, e dali podem tornar-se personal stylists de renome. Se a moda está no coração de alguém, ela oferece muitas opções de realização, é umas das áreas artísticas em que mais há oportunidades de trabalho."

Zeca Barreto traz uma advertência para os profissionais recém-chegados à moda. Mesmo para aqueles que se iniciam nessa profissão cheios de energia e entusiasmo, não há como evitar que enganos e dissabores surjam. A melhor maneira de fazer frente às possíveis dificuldades, conforme diz Zeca Barreto, é ter humildade para receber feedbacks, mesmo quando eles não são tão positivos como gostaríamos.

"O quanto estamos preparados emocionalmente para receber uma crítica? É algo que devemos analisar com honestidade em nós mesmos". Zeca explica, no entanto, que aceitar e aprender com os feedbacks não deve ser entendido como abrir mão de certezas e princípios. "Quem irá pagar por nosso trabalho é o nosso cliente. Ele tem direito de pedir que o trabalho saia a seu contento, mas de nossa parte não devemos abrir mão das nossas convicções e valores. Temos de saber onde colocar nossos limites."

Como qualquer outro universo do trabalho, o da moda tem desafios e momentos de tensão. Para os que pretendem se juntar a essa atividade, Simone Calizotti sugere uma atitude positiva. "Mantenha a sua personalidade, realize as coisas de maneira leve, divertida, trate bem quem está por perto Isso fará as tarefas fluírem em harmonia e o resultado é que você será bem visto e sempre bem-vindo para trabalhar com os melhores profissionais."

Essa atitude positiva, da qual fala Simone Calizotti, e a decisão de cultivar nossos princípios morais, como aconselha Zeca Barreto, são ingredientes que se harmonizam dentro da nossa mente para produzir a autoconfiança, um sentimento fundamental também para o nosso sucesso profissional. Quem tem autoconfiança é capaz, entre outras façanhas, de passar sem arranhões por aqueles comentários debilitantes de que escolher uma carreira nas artes irá resultar em uma vida de ganhos limitados e de dificuldades. Algo que se escuta frequentemente quando se decide trabalhar no teatro, tema do próximo capítulo.

O UNIVERSO DO TEATRO ESTÁ EM TODOS OS LUGARES

Se algum dia você comentou com alguém que seu sonho sempre foi o de tentar uma carreira no teatro – seja ela sobre o palco ou nos bastidores –, é provável que a primeira coisa que ouviu tenha sido o conselho para deixar essa ideia de lado e procurar um "trabalho de verdade". 'Teatro não dá dinheiro'; 'não garante segurança'; 'só tem gente esquisita'; 'é um ninho de drogas'; 'os tempos de glória do teatro já passaram', é o que se costuma ouvir. Estes são alguns dos argumentos mais comuns usados para fazer desanimar aqueles que se encantam com essa área artística.

Tais afirmações podem ser usadas contra um bom número de áreas profissionais porém é preciso admitir que uma carreira no teatro exige boa dose de esforço e perseverança. Mas nem de longe é justo rotulá-lo como um mercado menor, limitado e menos digno do que qualquer outro segmento. Sim, o teatro é um trabalho de verdade e pode proporcionar ganhos financeiros dignos para alguém disposto a construir uma carreira profissional. Este capítulo traz os relatos de duas experientes profissionais da área – Dody Sanman e Daiana Felchak – que comprovam que mesmo todas as dificuldades não são capazes de impedir o sucesso na área teatral, quando os interessados se empenham com determinação nesse objetivo.

Talvez o primeiro desafio que Daiana e Dody tenham enfrentado é a cidade em que iniciaram a sua atuação no teatro. As duas, que são da mesma família (Dody é tia de Daiana), nasceram e vivem em Guarapuava, uma cidade do estado do Paraná, com 180 mil habitantes, e distante 250 quilômetros da capital, Curitiba. Cidades de menor porte, como se sabe, não têm grande tradição teatral. Mas isso absolutamente não impede que nelas seja possível nascer companhias teatrais de relevância, como aconteceu com a Felchak Produções Arte e Manha. Trata-se de uma companhia teatral de relevância nacional, fundada por Rita Felchak, uma personagem que se revelaria significativa no impulso das artes no Paraná.

Mas esse caminho para o sucesso começou de maneira modestíssima. A trupe teatral iniciou seus trabalhos formada por familiares e amigos. Eles vinham de diferentes lugares, mas compartilhavam o amor e experiências artísticas ligados às artes dramáticas. "A minha mãe, a Dody, e outras pessoas do grupo começaram a fazer o teatro na rua. Cobravam ingressos super baratos, 50 centavos, para atrair pessoas com pouco dinheiro; no final do dia, a soma total só dava para o café da tarde dos atores", conta Daiana, que explica: "eles se apresentavam nas praças, porque não tínhamos teatro, não tínhamos qualquer espaço para apresentar uma peça. E era ali que passavam o chapéu."

O teatro entrou na vida de Daiana desde o momento em que ela veio a este mundo. E isso deve ser entendido ao pé da letra, pois era dentro da sua casa que a sua mãe, a tia Dody, o irmão David e outros integrantes do grupo teatral escreviam o texto, faziam o cenário, ensaiavam e gravavam falas e sons. "Eles preparavam tudo aqui, saíam para a rua e eu ia junto, mas não participava das apresentações, porque ainda era muito novinha, quatro anos de idade", conta Daiana.

As encenações na rua eram recebidas com simpatia pelos moradores da cidade, mas não eram suficientes para gerar uma estabilidade mínima para que os atores e aqueles que trabalhavam nos bastidores pudessem pensar em algum dia se dedicar integralmente ao teatro. Grande parte deles era de funcionários públicos, e assim garantiam sua sobrevivência.

Lendas regionais

Mas uma mudança de rumo, no início da década de 1990, iria apontar para horizontes mais promissores. "Começamos a fazer espetáculos que tratavam das nossas raízes, histórias do Paraná, lendas regionais", relembra Dody Sanman. "Isso fez com que começássemos a crescer." As peças encantavam a audiência e o grupo ganhou prestígio, inclusive junto aos órgãos oficiais e entidades ligadas à cultura. "Acredito que a proposta do grupo começou a ser entendida como algo de grande relevância para promover a noção de pertencimento e de preservação da cultura dos paranaenses", diz Dody.

As encenações logo seriam feitas em todas as escolas de Guarapuava e também levadas para cidades vizinhas. Naquela época, as estradas eram mais precárias do que atualmente, e o grupo costumava viajar por até sete horas para fazer um espetáculo em uma cidadezinha da região. "Nós nos apresentávamos em qualquer lugar; em campos de futebol, no saguão da igreja. Isso era maravilhoso, porque as crianças nas cidades menores não sabiam o que era teatro, elas até se assustavam quando a gente chegava", afirma Dody.

As crianças ficavam de tal maneira enfeitiçadas pela apresentação, que não era raro que aquelas que haviam assistido ao espetáculo pela manhã, na escola, voltassem no turno da tarde para verem os atores mais uma vez. "Nós as víamos ali, do lado de fora da cerca de arame farpado, paradinhas acompanhando a apresentação. Mesmo debaixo de uma chuva forte que caiu certa vez, não se mexeram do lugar", relembra Dody. "Nada as faria sair dali, era algo novo para todas elas."

DICA DO MARCELO

Quando se fala sobre a dificuldade em conseguir patrocínio para espetáculos teatrais, gosto de dizer que o segredo para captar recursos é enxergar a dor do outro. O que quer dizer isso? Que quando saímos buscando patrocínio, temos de entender qual é a necessidade daquele a quem pedimos que nos financie e não expor apenas os nossos desejos. Um exemplo: uma empresa tem problemas porque seus funcionários têm se envolvido em vários acidentes de trabalho. Isso é um sério desafio para patrões e empregados. É uma dor. Se um produtor teatral sugerir um espetáculo que trate da importância da segurança do trabalho de maneira atraente e envolvente, mostrar com números e dados que uma peça teatral poderá ajudar a mudar esse quadro, ele reconhecerá a dor do empresário e irá propor uma forma de ajudar na solução desse desafio que irá beneficiar ambas as partes. Uma relação ganha-ganha. A empresa financiará o espetáculo e a companhia teatral terá sobra de dinheiro para investir nos seus próprios projetos. Procurar financiamento tendo como argumento apenas suas próprias necessidades é atitude que soará egoísta e será pouco efetiva.

Algum tempo depois, o grupo passou a se apresentar em festivais pelo Brasil. "Cada prêmio que recebíamos, nos sentíamos com mais certeza que tínhamos talento suficiente para estar entre os principais grupos nacionais, a maioria deles vindo das capitais", conta Dody. "Alguns jurados renomados, de cidades como São Paulo, gostavam muito do que viam, porque a gente não estava fazendo teatro baseado em outros espetáculos, mas falando do nosso próprio quintal, de temas regionais", informa Daiana.

"Enquanto muitos grupos direcionavam suas pesquisas para os clássicos e tragédias gregas, nós estávamos contando histórias do nosso próprio ambiente, resgatando origens, lendas, nossa cultura que é cheia de riquezas desconhecidas pelos demais brasileiros, e isso agradava muito aos jurados que nos assistiam".

O impacto da participação em festivais sobre a moral do grupo foi um divisor de águas. Um dos pontos altos foi representar o Paraná num festival no Rio Grande do Sul. O grupo ficou mais conhecido e passou a ser convidado para apresentações em Curitiba e em eventos nos quais encontravam companhias vindas não só de outras regiões do Brasil, mas de outros países. Além do aprendizado, o grupo recebeu vários prêmios e sempre manteve espetáculos que contemplavam alguma temática regional, da cidade de Guarapuava e arredores.

Mais ou menos nessa época, o grupo montou um espetáculo, *Um conto para a nossa história*, que se transformou em um dos carros-chefes da produção teatral da companhia. "É um espetáculo de bonecos muito bonito, simples, que utiliza materiais alternativos", diz Daiana. "A chaleira vira um boneco, o bule é um boneco, a botina também. Já fizemos mais de 500 apresentações desse espetáculo, acho que já poderíamos estar na lista de recordes do Guinness. E a plateia curte bastante."

Repertório diversificado

Naqueles primeiros anos, mesmo quando o grupo já começava a se consolidar, não havia divisão entre atores e profissionais atuantes nos bastidores. Todos faziam de tudo. A divisão de tarefas viria mais tarde, quando a companhia começou a ser autossustentável e gerar receita constante. Isso, no entanto, só aconteceria com a diversificação das atividades da Companhia de Teatro Arte e Manha. O grupo continuaria sempre no território das artes dramáticas, mas andaria também por outras estradas.

Participações no cinema, dirigir balés e grupos de dança, direção de arte para vídeos, fotografia, artes visuais, entre outras possibilidades como circo e música deram mais músculos ao grupo possibilitando que este fosse além do teatro essencial e das técnicas com bonecos.

O que acontecia é que mesmo já tendo colhido o reconhecimento de críticos importantes e profissionais da área no país, os integrantes não conseguiam ainda se manter exclusivamente do teatro. "O artista precisa sobreviver, como qualquer outro profissional. Nós nos perguntávamos o que fazer, mas não queríamos deixar de lado o teatro", relata Daiana. "Foi quando o meu irmão David, o diretor da companhia, começou a nos colocar em outros nichos. Foi quando passamos a atuar em eventos."

O grupo passou a participar de diversos tipos de eventos, como festas de 15 anos, casamentos e eventos corporativos. "Nós levávamos para esses lugares uma abordagem teatral, usávamos nossos figurinos, representávamos e interagíamos com o público. Grande parte das pessoas que nos assistia nunca havia tido contato com a arte, e se encantavam com as apresentações. Com isso, crescemos muito nesse mercado de eventos", relembra Daiana. Para dar ao grupo um posicionamento de mercado adequado para atender à demanda, criou-se, nessa época, a Felchak Produções. Nesse novo mundo, a companhia passou a se apresentar com um nome duplo: Felchak Produções Arte e Manha, cuja ênfase estava nos trabalhos artístico-culturais, enquanto os eventos mais comerciais eram de responsabilidade da Felchak Produções.

DICA DO MARCELO

Muitas vezes escuto queixas de que falta público nos espetáculos teatrais. Mas o que enxergo nestes momentos não são pessoas perdendo o interesse pelo teatro, mas um mercado artístico que está em processo de se reinventar para se adequar à nova linguagem dos tempos atuais. Hoje em dia, as pessoas e a comunicação estão muito rápidas. Ninguém consegue assistir a um programa de TV inteiro ou tem paciência para um vídeo muito longo. Além disso, todos têm contato, pela internet, com espetáculos mundiais de qualidade, o que deixou o público muito mais exigente. Não devemos perder tempo discutindo se isso é certo ou errado, bom ou ruim. O que é indiscutível é que há uma nova forma de comunicar, e o teatro e as demais artes têm de oferecer novos roteiros e dinâmicas que se adaptem a essa forma com que as pessoas se expressam e constroem as suas expectativas. Uma das maneiras de fazer isso é agregar cada vez mais tecnologia aos espetáculos. Torná-los mais elaborados, surpreendentes e movimentados. Os artistas brasileiros têm um desafio diante de si – trazer de volta uma parte do público que anda arredia –, mas dominam todas as condições para realizar essa necessária transformação.

Mas o que é exatamente esse teatro corporativo? Que tipo de apresentações ele traz? Quem é o seu público? Antes de tudo é preciso dizer que não foi a Arte e Manha quem inventou o teatro corporativo. "Hoje há muitas companhias de teatro que sobrevivem de peças corporativas", ensina Daiana Felchak. Os clientes que solicitam esses serviços são empresas que pretendem levar alguma mensagem para seus funcionários e fornecedores de maneira mais lúdica e, por consequência, mais eficaz; tornar seus empregados mais integrados ou apresentá-los a universos mais inspiradores.

Já é uma prática consagrada nas empresas, por exemplo, contratar um grupo teatral por ocasião da Sipat – Semana Interna de Prevenção de Acidentes do Trabalho – um evento que as companhias devem, conforme determinado por lei, realizar todos os anos. No lugar de simplesmente reunir os funcionários num auditório, as empresas procuram deixar o acontecimento mais divertido, representando, com atores, as situações de risco e as medidas necessárias para evitá-las. "Cada empresa irá escolher uma semana, em qualquer mês, para trabalhar o assunto da segurança do trabalho, dessa maneira há eventos desse tipo ao longo de todo o ano", explica Dody Sanman.

Como não poderia ser diferente, a Felchak Produções Arte e Manha foi impelida a mudar sua estrutura para se adaptar às novas demandas de mercado. "Quando o grupo começou, lá no passado, éramos quatro pessoas. Fazíamos de tudo. Nós éramos os atores, os que faziam o cenário, a sonoplastia... Entrávamos em cena e depois voltávamos correndo para os bastidores", conta Dody. O grupo cresceu, conforme explica Daiana: "Hoje temos bailarinos, atores, profissionais com experiência em circo, roteiristas, pessoas que criam os figurinos e vários outros profissionais."

Casamentos com balé

Outro tipo de evento que passou a demandar apresentações do grupo são os casamentos, festas de 15 anos e comemorações temáticas. Há a procura pelas chamadas coreografias artísticas de abertura para congressos, simpósios, jogos escolares ou campeonatos esportivos abertos. "No casamento, os noivos escolhem principalmente os clássicos, em geral um estilo Luís XV, nós produzimos uma coreografia com balé clássico, e as pessoas adoram; nas festas de 15 anos, propomos intervenções que fogem da mesmice previsível dos bailes tradicionais; e, também nos eventos, trocamos aquelas longas falas chatas por coreografias e espetáculos que possam encantar o auditório", entusiasma-se Daiana. "Os figurinos podem ser enormes, números circenses também podem ser incluídos, com atores fazendo acrobacias, apresentações aéreas; também pode ser lido um texto contando a história da empresa, a biografia do aniversariante, o relato de como os noivos se conheceram e se apaixonaram e muitas outras possibilidades".

Apresentações como essas envolvem tantos profissionais de bastidores quanto o que é exigido para uma encenação teatral tradicional. Além disso, os eventos também exigem um conhecimento artístico que em nada difere daquele necessário para os espetáculos que vão aos palcos. "Precisamos criar mercados para a arte, incluindo aí novos negócios para o teatro", acredita Daiana Felchak. "Esse esforço é que fará com que a arte continue com a sua vocação transformadora. O jovem, hoje, que se interessa pelo mundo artístico, tem que saber empreender, tem que ser lúdico e artista, e ter toda essa sublimação maravilhosa e poética. Mas isso só terá sustentação quando ele colocar a cara a tapa e correr atrás dos próprios projetos."

Além das apresentações teatrais, eventos empresariais e casamentos, a Felchak Produções Arte e Manha também promove oficinas e workshops. Como resultado, vários profissionais surgiram desses cursos. "Eram pessoas que só precisavam de uma oportunidade para mostrar a sua arte", analisa Daiana. "Foi assim que descobrimos, por exemplo, a Sissa, aluna de nossas oficinas em bairros da cidade, que se tornou nossa figurinista."

Mas o melhor resultado do trabalho do grupo, além de agregar pessoas interessadas no teatro, foi criar um público que passou a apreciar esses espetáculos, por onde passávamos, deixávamos um rastro inspirador, ajudamos a educar pessoas para essa arte, e foi ali que o público foi sendo formado", garante Daiana.

Em metrópoles como São Paulo e Rio de Janeiro, há caminhos talvez mais fáceis para que futuros profissionais se revelem e sigam carreiras relevantes. Mas a experiência que relatamos, ocorrida nma cidade de menor porte como Guarapuava, é mostra inequívoca de que não há limitações geográficas ou socioeconômicas que impeçam pessoas talentosas e com atitude de atingirem seus objetivos. O que precisam é de disposição para correr atrás de conhecimentos e experiências no teatro por meio de leitura de livros, busca das mais diversas informações na internet, participação em oficinas e workshops, realização de cursos a distância e pedidos de orientação a profissionais já atuantes na área (com a facilidade proporcionada por tecnologias como o Skype, Facetime e WhatsApp, o acesso a possíveis mentores, que vivem nos grandes centros, é uma alternativa viável). O processo que ocorreu naquela cidade do interior do Paraná pode ser replicado em qualquer outra região do Brasil, inclusive nas grandes cidades.

Espetáculo gigantesco

O tempo em que a Felchak Produções Arte e Manha contava com apenas quatro pessoas que se desdobravam para cobrir todas as funções dos bastidores ainda não passou, mas houve uma evolução na maneira com que o trabalho é feito.

"Hoje somos muito mais setorizados, as funções são mais claras e aperfeiçoamos nosso conhecimento na direção de espetáculos", explica Dody Sanman. "No entanto, todos podem acrescentar conhecimentos e agregar as suas expressões criativas, aumentando o capital artístico do grupo. Foi essa maneira de fazer que possibilitou que, ao longo de uma década, o grupo fosse capaz de dirigir a representação da Paixão de Cristo na cidade. "São mil atores e cinco mil pessoas na plateia, além das Cavalhadas, um folclore paranaense que representa a luta entre mouros e cristãos pelo domínio da Península Ibérica, durante o século VIII. É uma coisa absurda, um espetáculo gigantesco", afirma Dody.

A partir dessa experiência tão diversificada, Daiana e Dody conhecem em profundidade as profissões de bastidor necessárias para garantir o sucesso das apresentações artísticas e performáticas, aconteçam elas em eventos ou apresentações de grande porte.

A seguir uma lista, elaborada por elas, com as principais ocupações nos bastidores do teatro:

- ***Diretor geral, o cabeça de tudo*** – Embora a decisão de qual peça de teatro será lançada seja quase sempre tomada em reunião com os diferentes profissionais, o diretor geral é o responsável pelo conceito e pela concepção do espetáculo. Ele é quem dará as linhas gerais para todas as outras funções envolvidas na produção. Um diretor geral deve conhecer todas as funções dos bastidores e é quem tem a última palavra em todos os níveis de produção do espetáculo: a interpretação dos atores, a sonoplastia, iluminação, cenário, figurino e adaptações no roteiro.

- ***Diretor de palco, o maestro*** – Se o diretor geral tem a visão do alto da montanha, o diretor de palco atua na planície. Ou seja, no palco. Cabe a ele se ocupar dos passos específicos para a peça funcionar. O diretor de palco é o maestro do espetáculo teatral. Ele vai estar em contato com todos os atores e toda a equipe técnica. O cenário é sua responsabilidade. Ele é quem sabe o que e quando vai acontecer no palco e vai orientar o contrarregra, que faz parte da sua equipe, quanto aos objetos e demais adereços de cena. Com o script em mãos, o diretor de palco vai guiar a entrada e saída dos atores, ficará em contato com o sonoplasta, com o técnico da iluminação. Qualquer coisa que dê errado, é função do diretor de palco "apagar o incêndio" e cuidar para que a apresentação continue a andar.

DICA DO MARCELO

A todo momento surgem recursos tecnológicos capazes de facilitar o trabalho de quem está nos bastidores dos espetáculos. Um exemplo disso são os aplicativos que utilizam simulações em 3D, com os quais é possível criar na tela dos computadores formas, objetos variados, cenários, personagens e movimentos em cena. Isso traz a possibilidade de uma grande economia de tempo, logística e material físico. Há, por exemplo, programas que simulam detalhadamente a iluminação em cena e economizam dias de montagem e planejamento, em comparação com os métodos tradicionais. Outros aplicativos já deixam automaticamente marcadas as trocas de luzes, diminuindo a possibilidade de erros. A tecnologia também facilita gerenciar a maquiagem, o figurino, os ambientes e efeitos. A moral da história é que não se pode mais ignorar a tecnologia. Ela traz facilidades que nunca foram vistas desde que a humanidade começou a encenar as primeiras peças teatrais, há mais de 2.500 anos.

- ***Financeiro, a chave do cofre*** – Costuma-se dizer que arte e dinheiro são como água e óleo, nunca se misturam. Ou seja, como o pessoal criativo do teatro costuma deixar seus impulsos artísticos se sobreporem à realidade crua dos gastos financeiros, seus espetáculos nunca fecham as contas e menos ainda dão lucro. Pode haver exagero nisso, mas as companhias sérias de teatro têm a figura do "financeiro", alguém encarregado de gerenciar os recursos para os gastos necessários a fim de alcançar a viabilidade da temporada. É o financeiro que vai dizer se há verba suficiente para fazer aquele cenário grandioso e um figurino sofisticado, ou se será preciso simplificar o projeto para caber no orçamento. É alguém que entende de administração financeira e atua para que os recursos disponíveis sejam bem utilizados.
- ***Produtor, sem ele nada existirá*** – Sem produção, não há espetáculo. No teatro usa-se o termo "produtor" para duas funções bem diferentes. O produtor executivo é quem toma todas as providências para que a peça saia do papel e transforme-se em realidade. É ele quem irá conseguir um local para apresentação, organizar agendas, trabalhar com patrocínios. Seu trabalho é mais externo, enquanto o do produtor técnico se concentra na produção interna do espetáculo. O produtor técnico se encarrega da logística, transporte e alimentação para a equipe. É ele quem conseguirá todos os elementos de cena, organizará o som e a iluminação. Se o espaço onde a peça será apresentada

não dispuser dos recursos necessários de som e luz, caberá ao produtor técnico alugar o equipamento necessário. Enfim, todos os meios indispensáveis para que a peça seja apresentada devem ser providenciados por esse produtor.

- ***Roteirista, a alma do espetáculo*** – Costuma-se dizer que o diretor geral é o corpo, enquanto o roteirista é o coração de uma peça teatral. Além de habilidades básicas como saber escrever, ou adaptar uma história para que possa ser apresentada de maneira compreensível e envolvente para a plateia, o roteirista precisa entender com profundidade o gosto e inclinações de seu público. Só assim a sua narrativa vai encantar aqueles que a assistirem. Exige-se do roteirista a capacidade de conhecer as possibilidades e limites dos atores; do contrário, eles não conseguirão reproduzir as falas e as emoções propostas pelo roteiro. O roteirista e o diretor geral trabalham próximos e se influenciam mutuamente quanto às decisões sobre como determinada peça será encenada.

DICA DO MARCELO

Certa vez, em conversa com o jovem diretor André Gress, eu perguntei como ele conseguia perceber, entre as várias pessoas que o procuravam com a intenção de se tornarem atores do teatro, aqueles que poderiam, de fato, tornarem-se profissionais de sucesso. André, um dos criadores do projeto "Broadway Brasil", que desenvolve, com profissionais nacionais e internacionais, a capacitação de jovens artistas Brasil afora, respondeu: 'Pelo brilho do olhar'. Ele explicou que uma pessoa poderia ter várias habilidades, mas o grande fator X eram os olhos brilhando diante das oportunidades que a arte lhe poderia proporcionar. Perguntei também o que ele achava que estava faltando hoje nessa galerinha que se aproxima do teatro. 'As pessoas estão desistindo muito rapidamente dos seus objetivos', ele disse. 'Não suportam ouvir 'não', são imediatistas. Eles têm de ter claro o que desejam ser, qual é o seu sonho, os valores dos quais nunca irão abrir mão, e buscar levar isso por todo o tempo, como se fizesse parte deles mesmos'.

• ***Preparador de elenco, extrair o melhor do ator*** – Existem técnicas para preparar um ator para determinado papel. Aplicá-las é a função do preparador de elenco. Embora o diretor geral acompanhe de perto a evolução dos atores no processo de construção dos personagens e oriente o preparador sobre o que espera da interpretação, ele não exerce essa função em tempo integral. Essa atenção concentrada cabe ao preparador. É ele quem dará os exercícios físicos e vocais e de interpretação para os atores. Sua função é extrair o melhor desempenho possível dos atores. Cursar Artes Cênicas é um facilitador para o trabalho do preparador. Como essa preparação envolve também aspectos emocionais dos atores e atrizes, há preparadores que são psicólogos e aplicam seus conhecimentos para romper eventuais barreiras criativas. Uma função próxima do preparador de elenco é a do ensaiador. Este só surge em cena quando a peça já está definida, a sonoplastia está acertada e os atores já preparados. Cabe ao ensaiador passar e repassar o texto e intensificar a expressividade dos atores.
• ***Cenógrafo, um arquiteto no palco*** – Cenários podem ser estáticos ou serem movimentados o tempo todo. As luzes podem criar ambientes fantásticos ou interferirem o mínimo com o que está sendo encenado. Os objetos de cena podem ser numerosos e serem constantemente trocados ou todo o cenário será feito de projeções de vídeo sobre um fundo neutro. As possibilidades da cenografia são quase infinitas e os cenógrafos devem ter conhecimento avançado de artes cênicas, dramaturgia e, ainda, noções de arquitetura, física,

matemática e conhecimento de materiais. Estudar história da arte também é fundamental. O conhecimento técnico é necessário, pois muitos cenários são complexos, pesados e exigem motores e engrenagens, quando têm movimentos. O cenógrafo trabalha de perto com o iluminador, já que a luz é usada comumente para criar ambientes e texturas. Ele deve, ainda, saber fazer croquis, esboços e plantas.

- ***Figurinista, pesquisador de histórias*** – Mais do que um idealizador de vestuário, o figurinista costura personagens. As vestimentas são parte importantíssima do enredo, principalmente nas peças de época, quando esse profissional se transforma num pesquisador histórico para a definição do figurino a ser utilizado na representação. O figurinista trabalha bem próximo ao diretor geral e do roteirista na concepção das roupas que serão usadas pelos atores. Ele tem de entender em profundidade o conceito da obra e ser capaz de produzir croquis para a confecção do vestuário. Seu trabalho também prevê orientar os maquiadores para uma melhor caracterização dos personagens.
- ***Aderecista, o profissional dos detalhes*** – Trabalhando diretamente com o figurinista, o aderecista é responsável por providenciar os complementos para roupas e demais adereços dos atores. Se o figurinista quer que um chapéu seja adornado com três cristais amarelos, é o aderecista quem vai providenciar que o enfeite seja encontrado e eventualmente o colocará no vestuário. Um guarda-chuva, um relógio de bolso, uma ampulheta? Também é função do aderecista providenciá-los. Seu trabalho também pode ser feito junto com o cenógrafo. Se o cenário requer uma mesa, uma penteadeira ou uma geladeira no palco, o aderecista sai à rua para encontrar esses objetos ou aparelhos.
- ***Sonoplasta, uma construção sonora*** – É difícil concebermos uma peça teatral que não tenha músicas e efeitos sonoros. Sem eles, a dramaticidade de uma apresentação é bastante

limitada. O sonoplasta decide junto com o roteirista e o diretor como adequar os sons ao desenvolvimento da peça. Ele irá escolher músicas, sons incidentais e outros efeitos para garantir que as emoções previstas sejam alcançadas. Para isso, é fundamental que ele seja dono de profundo conhecimento musical. A construção da sequência musical e sonora para uma peça costuma demandar pesquisa ampla, daí a necessidade de conhecer bem o universo da música.

Profissionais atuantes nos bastidores teatrais, como esses que citamos, estão passando nos últimos anos por um momento generoso de oportunidades. Isso acontece graças ao fenômeno do teatro musical. Este segmento emprega quase todos os especialistas do teatro convencional e vem experimentando um grande crescimento no número de espetáculos e no interesse do público. O teatro musical é o assunto do próximo capítulo.

NOVAS ESTRELAS SOBEM AO PALCO DO TEATRO MUSICAL

Para entendermos a realidade do teatro musical no País e as oportunidades que esta área artística oferece àqueles que desejam trabalhar nos bastidores, conversamos com o ator, diretor, cenógrafo, roteirista, figurinista e produtor Charles Möeller. Quando conta como se deu a sua trajetória no teatro musical brasileiro, Charles costuma lançar mão de uma curiosa imagem: "Eu sou do tempo das pirâmides, eu estive ali desde o ano zero. Quando a primeira pedra foi colocada naquela construção, eu estava ali. Não havia nada antes", diz ele. A comparação do teatro musical com uma pirâmide é uma metáfora usada por Charles ao se referir ao grande esforço que ele e outros profissionais empreenderam para recolocar o teatro musical no centro das atenções do público brasileiro. No passado distante, o gênero foi valorizado pelo público brasileiro, mas passou por décadas esquecido. Hoje, esse gênero teatral caiu novamente no gosto das pessoas. Charles Möeller participou dessa mudança "desde que a primeira pedra foi colocada".

Envolvido na área dramática desde os 13 anos de idade, quando participou como ator de uma apresentação no SESC de Santos (SP), onde nasceu, Charles Möeller fez licenciatura em artes cênicas e artes musicais. Em 1985, iniciou sua carreira de ator no teatro profissional. Logo se envolveria também na produção de cenários e figurinos. Sua carreira deslanchou em 1991, quando mudou-se para o Rio de Janeiro. Ali, além de trabalhar como ator em novelas e minisséries na TV Manchete e TV Globo, participou nos bastidores de peças teatrais, óperas e vários programas televisivos.

Foi no Rio de Janeiro, quando assinou a cenografia e o figurino do musical "Hello Gershwin", musical do compositor americano George Gershwin, dirigido por Marco Nanini, que os caminhos de Charles e do ator Claudio Botelho se cruzaram pela primeira vez. Entre as várias afinidades e interesses comuns, Charles e Claudio tinham paixão pelo teatro musical, do qual foram pioneiros no país. Em 1997, formalizaram a parceria na empresa Möeller & Botelho e passaram a empilhar, juntos, as pedras na pirâmide do teatro musical brasileiro.

Desde então, a dupla se envolveu em mais de 40 produções que, conforme explicam em seu site, se dividiam entre musicais da Broadway e de Londres, espetáculos musicais nacionais e shows e revistas musicais[15]. O número de apresentações superou 2.700, que foram assistidas por mais de 1,1 milhão de espectadores. Cada espetáculo emprega cerca de 80 pessoas, entre atores, cantores, músicos e bailarinos, além de vários técnicos especializados e produtores. O número de empregos indiretos gerados, ainda segundo o site da dupla, é de 1.600 profissionais.

Flashback teatral

A notável performance da Möeller & Botelho é, ao mesmo tempo, uma das causas e a consequência do grande interesse que o público brasileiro passou a nutrir pelo teatro musical, o que, conforme explica Charles, vem acontecendo de uns 10 anos para cá. No entanto, a atenção que esse gênero vem recebendo não acontece pela primeira vez no país. É como se estivéssemos testemunhando um flashback. Isso porque, nas décadas de 1950 e 1960, já havia quem trouxesse espetáculos musicais, principalmente vindos dos Estados Unidos – sim, o teatro musical é um fenômeno que surgiu nos EUA –, para montá-los nos palcos, principalmente no Rio de Janeiro e em São Paulo.

Mas a partir dos anos 1960, houve um refluxo provocado pela política. "Nós passamos por um período muito complicado durante a Ditadura Militar (1964-1986), quando houve um grande distanciamento, quase um preconceito, de qualquer arte relacionada à

---

15 Também chamado de Teatro de Revista, é um gênero teatral que enfatiza a comicidade, as fantasias luxuosas, grandes coreografias, cenários e figurinos suntuosos. Esse gênero fez sucesso no Brasil sobretudo das décadas de 1920 a 1960, conforme TEATRO de Revista. In: ENCICLOPÉDIA Itaú Cultural de Arte e Cultura Brasileiras. São Paulo: Itaú Cultural, 2018. Disponível em: <http://enciclopedia.itaucultural.org.br/termo614/teatro-de-revista>. Acesso em: 6 out. 2018.Verbete da Enciclopédia. ISBN: 978-85-7979-060-7

América do Norte", analisa Charles Möeller. "Nessa época, passou-se a dedicar, em São Paulo, ao teatro político ou alternativo; enquanto no Rio de Janeiro, o caminho se desviou para a comédia, para o besteirol." Charles acredita que só a partir dos anos 1980, após a Anistia Política (1979), o interesse pela arte produzida nos Estados Unidos, incluindo o teatro musical, começou a ser lentamente retomado.

Charles relata um episódio que lhe mostrou de maneira clara que a curiosidade pelos espetáculos musicais americanos começava a retornar. "Eu me lembro de estar em Nova York, em 1992 ou 1993, e ler uma reportagem no jornal New York Times que informava que o maior público nos espetáculos da Broadway, depois dos próprios americanos, eram os brasileiros", conta ele. "Fiquei muito chocado e me perguntei: 'Por que os brasileiros vêm para Nova York assistir aos musicais americanos e não vão aos musicais que são feitos no Brasil?'". A resposta, compreendeu Charles Möeller mais tarde, era a visão dominante de que os musicais brasileiros eram mal feitos. "Hoje, eu tenho a segurança em dizer que nós, da Möeller & Botelho, temos um público que foi conquistado pela qualidade do que fazemos."

Muitos desafios, no entanto, precisaram ser enfrentados nesse processo de montar a pirâmide do teatro musical no Brasil. "Os produtores e o público brasileiros acreditavam na mesma lenda, a de que não havia ator de musical no país, porque não tínhamos essa formação. O senso comum dizia que o ator ou cantava, ou dançava ou representava. Ser capaz de fazer as três coisas era uma conquista acadêmica e de grande experiência profissional, exigia muito estudo e prática, algo que só os americanos e os ingleses conseguiriam fazer. Esse domínio técnico não era algo que estivesse ao alcance dos brasileiros, que, ao contrário, eram adeptos da ginga e da improvisação", diz Charles.

Isso sem mencionar a falta de pessoal capaz de atender as necessidades dos bastidores do teatro musical. "As produções eram muito caras e não havia profissionais gabaritados capazes de executar a cenografia como devia ser feita, o vestido como devia ser feito, a perucaria... essas especialidades não existiam no Brasil."

Diferença de gêneros

Quando ouvimos Charles apontar, enfático, a falta de profissionais habilitados como uma das principais causas da demora do teatro musical decolar, nos vem a pergunta: em que o teatro musical se diferencia tanto do teatro convencional? Esse último sempre foi uma arte praticada no Brasil com sucesso e com integrantes tão talentosos e habilidosos como em qualquer outro país. O que há de tão diferente assim entre os dois gêneros?

"O teatro musical", explica Charles, "é um teatro de produção esmerada que, com exceção do cinema, envolve todas as vertentes da arte dramática. Temos as artes plásticas, nos cenários e figurinos; produções complexas e sofisticadas; dança e canto e exigências de uma expertise técnica de ponta, que não existe no teatro convencional." Outra característica do teatro musical é que ele não é uma arte dramática elitista, como a ópera. Ao contrário, ele tem forte apelo popular, o que é mostrado pelo fato de as pessoas quererem assistir mais de uma vez o mesmo espetáculo.

"Há quem assista a um musical 20, 30 vezes, da mesma maneira que escutam dezenas de vezes uma música pela qual se apaixonaram", analisa Charles Möeller. "É como se aquele espetáculo fosse se tornando amigo de sua alma, gerando uma forte empatia entre ele e você." A combinação dessas particularidades – uma arte que engloba dança, música, canto e representação – e que tem produções grandiosas é o que faz o público se decidir a sair de casa e ir a uma sala de espetáculos, algo que, de acordo com Charles Möeller, as pessoas não vinham mais fazendo.

DICA DO MARCELO

As grandes mudanças que foram trazidas pela tecnologia para as artes, entre elas o teatro musical, também já exigem que aqueles que desejam participar dos bastidores desse setor se apresentem para o mercado de uma forma também inovadora. Falando dos currículos, por exemplo, hoje já não é mais aceitável alguém colocar no papel ou no e-mail a descrição do que já fez em sua vida artística, quais são as suas habilidades etc. Agora é hora de desenvolver um storytelling com música, vídeo... algo dinâmico. É aquela velha máxima de que as imagens vendem mais do que mil palavras. Gravar vídeos mostrando o seu potencial, criar sites e vender sua expertise vão mostrar que você está sintonizado com estes novos tempos. Currículos escritos igualam todo mundo... é preciso sair da caixa.

Nos anos em que investiram, de maneira quase solitária, no teatro musical brasileiro, Charles e Claudio acompanharam, e influenciaram de maneira decisiva, a formação de atores e profissionais dos bastidores. "O desafio era desenvolver a engenharia do teatro musical", explica Charles. "Ou seja, esses espetáculos requeriam, por exemplo, alguém que entendesse de microfones, que seriam usados pelos atores enquanto estivessem dançando e cantando no palco. Mas esse profissional não poderia ser o mesmo que colocava um microfone de lapela em um palestrante, ou fizesse a sonorização de um festival de música. O teatro musical possuía exigências completamente diversas, e não havia pessoal à altura dessas necessidades."

Cenários de terremoto

Havia uma brincadeira que se fazia sobre os cenários dos espetáculos brasileiros: eles sempre entravam no palco balançando, como se estivessem mostrando a cena de um terremoto. "Eram cenários que não eram motorizados, como se exige hoje", diz Charles. Assim como não se encontravam pessoas habilitadas a executar a parte sonora dos espetáculos, também a carpintaria e cenografia deixavam a desejar.

A partir do que viam nas suas viagens constantes para fora do país, a dupla Charles e Claudio começou a entender como deveria ser uma mesa de luz, para se adequar às necessidades de iluminação, ou que tipo de mesa de som era mais adequada. "Era uma técnica muito mais complexa do que aquela empregada nos espetáculos de então, fomos ver como se fazia lá fora, aprendemos e começamos a fazer aqui o que funcionava bem no exterior."

Para o público, na opinião de Charles Möeller, o teatro musical, principalmente as produções maiores, entrega mais entretenimento do que o teatro convencional. "Quem vai assistir a uma peça comum de teatro verá um elenco contando uma grande história", diz. "Mas quem vai ao teatro musical, além de ver o elenco contando uma grande história, irá escutar grandes canções interpretadas por grandes atores-cantores e terá, ainda, o ganho extra de desfrutar de um grande balé. Em resumo, testemunhará, ali, o casamento de todas as artes em um só espetáculo."

Não seria correto, no entanto, dizer que há uma diferença fundamental na qualidade dos profissionais que atuam nessas duas formas de teatro. São atividades artísticas que têm suas demandas particulares. No entanto, Charles aponta para uma diferença de intensidade e velocidade requeridas para o teatro musical, em relação ao teatro convencional. "Por exemplo, um cenógrafo que faça teatro musical será capaz de atuar em qualquer outro tipo de teatro, mas um cenógrafo que não faz o musical, com certeza irá sofrer quando for executar o cenário de um teatro musical pela primeira vez."

Isso acontece nesse exemplo porque o tempo de troca de cenários no teatro musical está marcado nas partituras, aquelas folhas de papel em que estão as notações musicais, ou seja, os envolvidos na troca de cenários devem ter a capacidade de ler partituras e serem capazes de preparar cenários com a tranquilidade e agilidade necessárias para serem movimentados em intervalos de tempo tão curtos quanto as mudanças de ritmo das trilhas sonoras.

Outra particularidade do teatro musical é que as movimentações no palco são muito mais frequentes do que no convencional. Isso exige que a cenografia, a iluminação e a sonorização estejam em perfeita afinação. "Em geral, os cenários de musicais são como roteiros de cinema, começam num lugar, vão para outro, retornam e mudam novamente", explica Charles. "Alguns espetáculos chegam a ter uma cenografia com 15, 17 sets." A escola do teatro musical, segundo diz, é a mais complexa entre todas artes dramáticas.

O ritmo dos musicais

Mas como se dá exatamente a produção de um espetáculo de teatro musical e de que maneira as diversas profissões dos bastidores entram em cena? Charles Möeller reproduz o passo-a-passo de uma produção para nos mostrar de que modo se dá esse processo e quais são os profissionais nela envolvidos:

- ***Escolha do título*** – Charles, como diretor artístico da Möeller & Botelho, já possui uma lista dos títulos que quer produzir em algum momento no futuro. Mas a decisão do espetáculo que será encenado leva em conta tanto o gosto musical pessoal de Charles e Claudio, como as possibilidades mercadológicas do futuro espetáculo. "Algumas coisas eu amaria fazer, mas elas talvez pudessem agradar a um público restrito, o que exigirá uma produção com características particulares, com uma sala menor, talvez uma temporada mais curta. Outras, como uma *Noviça Rebelde* (espetáculo produzido pela dupla, estreou em março de 2018, em São Paulo), têm potencial para atrair um público maior e irão exigir um teatro de dois mil lugares.
- ***Correr atrás do dinheiro*** – Escolhido o espetáculo, é hora de pensar no financiamento. Há leis de incentivo cultural que permitem às empresas financiar uma produção teatral e conseguir, em contrapartida, uma redução do imposto que devem pagar. É preciso, portanto, contratar pessoas que conhecem a tramitação dessas leis e irão se encarregar de procurar empresas que possam se interessar em investir no musical. Para isso é necessário produzir relatórios, cartas de intenção e outros papéis. Há outras formas de patrocínio,

como um crowdfunding – no qual várias pessoas fazem doações para viabilizar o empreendimento.

Essa fase é de vital importância para definir qual será o escopo do projeto. "Se o orçamento que havia sido planejado não foi alcançado, então terá de ser feita uma readequação do projeto: a orquestra que iria ter 13 músicos, agora terá só oito, o que fará necessário contratar alguém para fazer a redução das partituras. No lugar dos 12 cenários, apenas um, que é o que será possível pagar. Caso não haja verba para encenar num teatro particular, será preciso garantir a temporada num teatro público e por aí vão sendo feitas as adequações", explica Charles.

DICA DO MARCELO

Fazer parcerias para financiar espetáculos é uma estratégia já consagrada entre os produtores teatrais. Mas há parceiros, não são tão óbvios assim, que podem se interessar em dividir a produção de um espetáculo. As universidades são um desses possíveis "sócios". Um conhecido meu fechou uma parceria com a Universidade de Fortaleza (CE), que enxergou na montagem do espetáculo de teatro musical uma oportunidade de envolver mais os seus alunos na vida acadêmica. A arte e a educação saíram ganhando com esse arranjo. A Universidade enfrentava dificuldades em envolver seus alunos e o meu conhecido queria montar um espetáculo. O acordo satisfez as duas partes.

- ***A procura dos artistas*** – Definidos o título e o orçamento da produção, chega o momento de escolher os artistas. Apenas para relembrar, os atores e atrizes precisam contar com diferentes habilidades para desempenharem bem num espetáculo de teatro musical, dominando não só a atuação em si como também a dança e canto. "Temos, aqui, os planos A, B e C para contratar o elenco", diz. "Mas há várias situações em que não fazemos nem o plano A, nem o B ou o C, porque os atores ou já têm algum compromisso em suas agendas, ou declinam do convite. Buscamos alternativas para encontrar os perfis de artistas que o espetáculo exige. No passado, não havia tantas produções no Brasil e as dificuldades em encontrar um ator ou atriz eram menores, mas agora são muitas as oportunidades no teatro musical e na dramaturgia em geral, e a disponibilidade de artistas ficou reduzida."

- ***Precisa-se de um coordenador de produção*** – Junto com a definição do casting, a coordenação de produção entra em ação. Caberá a esse coordenador providenciar o figurinista, o cenógrafo, o iluminador, a equipe de som, o visagismo (encarregado da maquiagem e da perucaria). Se o espetáculo prevê atos especiais como mágica, números circenses e outros, o coordenador se encarregará de encontrar esses e todos os outros profissionais que se envolverão no espetáculo. A produção também terá ao seu cargo providenciar serviços básicos como o lanche ou o jantar que será servido, entre uma apresentação e outra, para o elenco e os profissionais de bastidores. Telefonistas, seguranças, motoristas, enfim toda a infraestrutura necessária para o espetáculo também é atribuição do coordenador de produção.
- ***A rede de profissionais envolvidos cresce*** – Alguns dos profissionais chamados pela produção para se responsabilizar pelas várias áreas envolvidas com o espetáculo terão de trabalhar com outros profissionais, aumentando o número de pessoas mobilizadas. A figurinista, por exemplo, irá necessitar dos serviços de um ateliê de costura com alfaiataria, chapelaria, costureira e uma contramestra para organizar toda essa ação. A cenografia fará todo o seu trabalho num galpão, onde estarão o serralheiro, o marceneiro e o aderecista. O visagismo terá seus maquiadores e pessoas que saibam fazer os diversos tipos de perucas que são usadas nos musicais.

DICA DO MARCELO

O melhor começo para quem deseja se aproximar do teatro musical, mas não possui qualquer experiência na área, é aproximar-se de conhecidos que atuem nesse segmento e buscar espaços para estagiar. Mesmo um estágio não remunerado vale a pena, se for com alguém que é perito nessa arte. Mas isso é só o começo. É preciso pensar grande e ir além. Onde está, atualmente, o melhor teatro musical do planeta? Na Broadway, em Nova York, nos Estados Unidos. Então, vá para a Broadway! Tente, de alguma maneira, fazer um estágio em alguma companhia, ter uma experiência real. Mantenha seu foco nisso, que coisas boas vão surgir. Ou vá assistir a um espetáculo, vá passar uma semana por ali. Temos que nos mostrar, nos vender, para sermos vistos. Milhares de pessoas, todos os anos, vão tentar a sorte na Broadway, muitas se dão bem. Por que não pode ser você?

- ***A parte humana*** – O diretor artístico é quem vai lidar com os atores e todos os demais profissionais ligados diretamente à apresentação. Caberá a ele contratar, por exemplo, o maestro que se encarregará das canções; o coreógrafo com as danças e bailarinos. Também estão na alçada do diretor artístico encontrar uma ensaiadora competente, que como diz o nome irá ensaiar os atores. Será necessário um preparador vocal, alguém encarregado de fazer os aquecimentos vocais. Também é comum que faça parte um preparador corporal, o especialista que faz os aquecimentos corporais dos atores.
- ***O rei do palco*** – Personagem também fundamental é o diretor de palco, ou stage manager. Ele é o coordenador de tudo que irá entrar no palco. Geralmente o stage manager terá duas pessoas trabalhando com ele: o chefe da maquinaria, que é o encarregado de fazer subir ou descer todos os cenários, e o contrarregra, que é uma espécie de faz-tudo por trás das cortinas. Musicais maiores

têm, também, uma demanda por até duas camareiras, as encarregadas de organizar as roupas que serão trocadas pelos atores ao longo da apresentação.

"O número de diferentes profissionais que se envolvem em uma produção varia, é claro, de acordo com o porte do espetáculo", ensina Charles. "Mas é um time grande. Para se ter uma ideia, uma peça como a *Noviça Rebelde* envolve 200 pessoas de quinta-feira a domingo. São duas centenas de diferentes atividades."

As oportunidades nos bastidores do teatro musical, como se vê, são numerosas. E o mercado para essa opção teatral está em alta. "Hoje em dia, já há gente que acorda querendo fazer teatro musical. Antigamente as pessoas só pensavam em fazer TV, trabalhar na Globo", avalia Charles. Recentemente, ele pôde constatar isso ao selecionar o elenco de crianças que iria participar da *Noviça Rebelde*. "Hoje há uma nova geração, mais competente, de atores. Eu não teria esse elenco infantil, com essa qualidade, há 10 anos. Hoje, elas estão mais preparadas e mais conscientes." O mesmo se pode dizer quanto à evolução dos profissionais que atuam nos bastidores.

DICA DO MARCELO

Já falamos sobre o grande sucesso que o teatro musical vem alcançando junto ao público brasileiro. Acho que é uma paixão que não tem volta. Esse teatro veio para ficar, e o bom resultado nos mostra uma enorme oportunidade no mercado infantil. Trata-se de um mercado milionário que deveria estar nos planos de todas as companhias artísticas. Os pais não sabem o que fazer com os filhos, hoje em dia. Levá-los ao teatro seria uma ótima opção. Mesmo com os jogos e atrações nos celulares, com todas as opções de streaming e todos os filmes, seriados e programas infantis, a energia e a curiosidade da criançada são inesgotáveis. Se os artistas acertarem a linguagem que interessa a esses pequenos, seus espetáculos sempre estarão lotados. Nós estamos com os nossos filhos em casa, muitas vezes entediados. Nós, os pais, e eles também, precisamos de cultura, de oportunidades, ansiamos por entretenimento. Ou seja, há ainda espaço para termos muito mais espetáculos direcionados para os nossos filhos.

"Eu sou otimista quanto à possibilidade de melhorarmos cada vez mais o teatro musical brasileiro", destaca Charles Möeller. "As pessoas estão cada vez mais afinadas com esse segmento. Não podemos nos esquecer de que é um tipo de teatro que ressurgiu com força há apenas vinte anos. No ritmo em que a História caminha, o teatro musical acabou de nascer no Brasil e muita coisa boa vai acontecer no futuro."

Um segmento artístico que "renasceu" há duas décadas, como afirma Möeller, pode ser considerado como um recém-chegado no panorama artístico brasileiro. No entanto, mesmo os setores já bem estabelecidos no tempo vêm passando por mudanças profundas, e favoráveis, para os que querem neles trabalhar. É o caso da televisão, que hipnotiza os seus telespectadores já há 70 anos, e que se tornou um dos mercados de trabalho mais movimentados dos últimos anos. As razões para que isso tenha ocorrido são explicadas no próximo capítulo.

TELEVISÃO, UM MERCADO EM CENA HÁ QUASE 70 ANOS

A televisão chegou ao Brasil em 18 de setembro de 1950, quando o empresário Assis Chateaubriand inaugurou a TV Tupi no bairro do Sumaré, em São Paulo. Os brasileiros, à época, certamente devem ter se sentido orgulhosos pelo fato de a TV Tupi ter sido a pioneira tanto no nosso país, quanto na América do Sul. Mas a verdade é que ela chegava com grande atraso, 20 anos depois de os primeiros programas televisionados terem sido levados ao ar nos Estados Unidos e na Europa.

Nessa pré-história da televisão, nem em sonhos se pensava em uma programação 24 horas. Em geral, a emissora entrava no ar no início da tarde e era encerrada por volta da uma hora da manhã. Nesse período, a televisão trazia em seu DNA uma forte herança do rádio. Os programas radiofônicos de então exibiam tanta força, credibilidade e influência quanto a programação das televisões atuais. Seus comentaristas eram respeitados, os políticos usavam a grande penetração do rádio para divulgar suas plataformas. Os cantores só venderiam seus discos se, antes, fizessem sucesso nessa mídia. Atores e atrizes das novelas radiofônicas eram ídolos que faziam disparar os corações do passado com a mesma taxa de intensidade com que palpitam diante dos teleatores hoje em dia.

Novelas mudam de casa

O principal responsável pela transição do público brasileiro do amor pelo rádio para a paixão pela televisão foram exatamente as novelas. As emissoras de rádio experimentam o seu auge de popularidade ao longo da década de 1940, época em que são criadas as radionovelas, campeãs de audiência na época, e revelam atores e autores como Mário Lago, Paulo Gracindo, Janete Clair, Renata Falzoni, Dias Gomes, Walter Foster, Lima Duarte e Fernanda Montenegro[16]. Essas

16 Informações obtidas neste endereço: https://pt.wikipedia.org/wiki/Era_do_R%C3%A1dio. Acesso em 14 de maio de 2019.

personalidades trocariam de plataforma e carregariam, dos aparelhos de rádio para as televisões, o fascínio dos brasileiros pelos dramas folhetinescos, que seriam o carro-chefe da imensa audiência das tevês por muitas décadas.

DICA DO MARCELO

Se nos seus primeiros anos no Brasil a televisão recebeu o reforço dos artistas do rádio, ao longo dos anos ela também receberia atores e profissionais de bastidores vindos do cinema. Esses dois veículos têm muitas atividades e profissionais em comum. Para saber se você é mais da tevê ou do cinema, recomendo que faça um estágio nos dois, antes de decidir que curso irá seguir para aprofundar seus conhecimentos. Fazer curso, em uma faculdade ou técnico, custa caro. O estágio lhe dará algumas certezas. E quando falo em curso, significa também assistir a workshops, ir a palestras, fazer cursos online. No momento em que parecer claro para você qual é o seu campo preferido, abra espaço na sua agenda e na sua vida e coloque-se totalmente à disposição do seu sonho.

Nessa pré-história e nos tempos atuais das emissoras de tevê brasileiras, sempre houve muitas funções a serem preenchidas nos bastidores das emissoras, tanto nos programas jornalísticos, como nas novelas, nas produções e na cobertura de shows. Há dezenas, talvez centenas, de profissões e com especificidades próprias. Por exemplo, que tipo de trabalho um cabeleireiro pode desenvolver na televisão? Quem responder que é pentear e cortar o cabelo das pessoas, acertou, é claro, mas nem de perto é só essa a função desse profissional dos bastidores. Os diferentes cortes, comprimento e estilos de penteados são tão relevantes para compor um personagem, como as suas roupas, gestos e falas.

Tanto no mundo da televisão, quanto no cinema e no teatro, os cabeleireiros costumam trabalhar junto com as equipes de criação para compor os diversos personagens que irão se apresentar nos shows, novelas, programas ou jornalismo. Novelas de época, por exemplo, não conseguirão passar credibilidade na sua dramatização caso não apresentem seus atores e atrizes com vestimentas que foram usadas nos períodos retratados, o que inclui os cortes, penteados e outras intervenções feitas pelos cabelereiros. Sem esquecer as perucas, cuja preparação também é responsabilidade desses profissionais.

Esse tipo de trabalho exige que os cabeleireiros trabalhem em harmonia com os maquiadores, os responsáveis pelo figurino e os preparadores de elenco. É um trabalho de equipe. Como em qualquer outra função, os cabeleireiros que desejam se especializar em trabalhar na área de artes dramáticas devem manter seus currículos sempre atualizados e serem capazes de mostrar, com imagens, os trabalhos que desenvolveram com atrizes, atores, apresentadores e outros envolvidos no cinema, televisão e teatro[17].

Há inúmeros cursos que formam cabeleireiros para trabalhar em salões de beleza. Mas falta ensino específico para a formação de cabeleireiros voltados para a área de artes dramáticas. Como em outras atividades nessa área, a melhor maneira de conseguir uma oportunidade de trabalho nas produtoras que prestam serviços para cinema e televisão é por meio da indicação de alguém que já esteja nesse meio para iniciar a carreira como estagiário ou, caso já tenha experiência no ramo, para acompanhar alguma produção.

A imagem (e o cabelo) é tudo

Assim como têm obrigatoriamente em suas equipes apresentadores de telejornais, repórteres ou apresentadores de shows de auditório, as televisões sempre irão demandar o trabalho dos cabeleireiros. Afinal, a imagem é tudo na telinha. Grande parte das produtoras de vídeo e

17 Informações disponíveis em: https://www.careerstraining.co.uk/blog/putting-your-hairdressing-course-skills-to-the-test/. Acesso em 14 de maio de 2019.

emissoras contratam os cabeleireiros no regime de freelancer, ou seja, sem carteira de trabalho assinada. No entanto, também há aqueles que são contratados como colaboradores, como é o caso de Cláudio Vítor, cabeleireiro empregado pela emissora SBT há 13 anos.

"Trabalho com os atores e atrizes de novela no SBT, já há alguns anos. Nossa função começa quando existe um personagem a ser produzido. Temos de estudar o estilo desse ator, o tipo de corte de cabelo que ele irá usar", explica Cláudio Vitor. Detalhes, como a coloração ou o penteado, são decididos de acordo com as características do personagem que esse ator irá representar. Se o papel é o de alguém que está no trabalho, o penteado será mais sóbrio, como os que são usados no dia a dia. Mas se a cena se passa numa festa, casamento ou compromisso formal, como um julgamento, os cabelos serão apresentados com aspecto mais elaborado ou sério.

A diferença fundamental entre trabalhar em salões convencionais de cabeleireiros e no universo da televisão é a velocidade com que as coisas se dão. "No início, estranhei o tempo em que temos para fazer as coisas na tevê. Tudo é muito mais corrido do que no salão", conta Cláudio. "Logo que cheguei, achei tudo meio confuso, a gente não tem muito tempo para nada. Temos de ter muita agilidade. Para se ter uma ideia, nas novelas infantis, que é a especialidade do SBT, em meia hora temos de deixar prontas 23 crianças!"

Assistentes com poder

Outra profissão dos bastidores televisivos é o de assistente de direção. Quando ouvem alguém dizer que trabalha como assistente de alguma coisa, pode ser de direção, produção ou algo similar, muitas pessoas tendem a pensar que a palavra "assistente" indica que aquela ocupação é algo de menor fôlego, com um grau de responsabilidades limitado. Por exemplo, um assistente de direção em uma emissora seria alguém que ficaria ali do lado do diretor durante alguma cena. Em determinado momento, o diretor iria pedir: 'assistente, corre lá na sala de maquiagem e chama a atriz, na volta pede para o iluminador vir até aqui falar comigo!'

Não, não é nada disso. Os assistentes na área de tevê, e agora estamos tratando do assistente de direção, têm tarefas bem determinadas e, mesmo se devem trabalhar com outros profissionais da equipe, têm autonomia para tomar várias decisões.

Um assistente de direção é responsável pela obtenção dos meios necessários à realização dos programas, incluindo nas suas tarefas fazer contato com as pessoas que irão participar desses programas e pesquisar e providenciar os arquivos musicais, fotográficos e jornalísticos (ou seja, músicas, imagens e informações de comunicação que poderão ser agregados à trama para garantir a sua credibilidade e assertividade) que serão usados na produção das novelas, programas e shows, entre outros.

Nos anúncios que eventualmente são colocados nos sites oferecendo trabalho aos assistentes de direção, é pedido que os candidatos ao emprego sejam organizados, tenham iniciativa, concentração, saibam cumprir prazos e tenham facilidade em lidar com pessoas e trabalhar em equipes. Eduardo Roberto Peixoto Pereira, assistente de direção há quase uma década, explica que a função desse assistente, "é ser uma ponte entre a produção e o diretor do programa". Esse papel exige, portanto, que o assistente de direção participe tanto da pré-produção quanto da pós-gravação do programa.

"Ele vê o que será necessário estar disponível no dia de uma gravação, como os diversos equipamentos, as pessoas que irão trabalhar nos bastidores e também diante das câmeras, além de ser responsável por todos os trâmites burocráticos e artísticos, como requisições e devolução dos meios usados para a gravação", explica Eduardo.

Eduardo começou na dramaturgia por acaso, na linha de produção de shows e apresentações variadas. "Trabalhei muitos anos com o apresentador do Programa do Ratinho – programa televisivo de auditório e informação, que teve início nos anos 1990. Em uma ocasião, o programa dele foi descontinuado, o que provocou uma movimentação das pessoas que estavam envolvidas. Uma delas foi a produtora executiva que foi deslocada para a produção de novelas. Chegando ao novo posto, ela me chamou para trabalhar com ela. Foi assim que comecei na produção. Nesse nosso setor, as coisas acontecem muitas vezes de uma maneira não planejada."

Faltam assistentes no mercado

Eduardo Pereira tem formação superior em rádio e tevê, curso que qualifica profissionais para trabalhar nos bastidores da televisão, mas acredita que essas profissões ainda não estão na mira dos recém--formados. "Embora eu não participe muito da busca por candidatos para trabalhar aqui na emissora, percebo que não há muita oferta de pessoas interessadas em trabalhar nos bastidores da tevê", diz.

"Certa ocasião, quando tivemos de produzir duas novelas diferentes ao mesmo tempo, não foi fácil conseguir assistentes para integrar a equipe. Talvez esses profissionais estejam mais presentes no Rio de Janeiro. Há, portanto, oportunidades em São Paulo, principalmente nas produtoras independentes que estão fazendo filmes para a tevê fechada."

DICA DO MARCELO

Não há dúvida de que cursar uma faculdade aumenta as chances nos bastidores da televisão. Mas há cursos técnicos que fazem os seus alunos brilharem na área. O tecnólogo em audiovisual é um desses. Quem faz o curso está capacitado a trabalhar na produção de programas, pois irá aprender a escolher locações, preparar equipamentos e irá adquirir conhecimentos técnicos para dirigir programas. Também aprende técnicas de iluminação, sonorização, montagem e edição. O fato de ser um curso técnico, não significa que nele não será possível desenvolver criatividade. Primeiro, porque criatividade é algo pessoal, vai além da formação acadêmica. Depois, porque ali são oferecidas disciplinas nas quais se estuda dramaturgia, efeitos visuais e estrutura de narrativa.

O que faz um ator ou uma atriz serem considerados bons profissionais? Ora, a sua capacidade de dar vida a um personagem que, até antes de ser encenado, existia apenas no script. Não parece algo muito difícil. É só fingir que se é outra pessoa, decorar as falas e, pronto, ali está o personagem. Mas qualquer um que já se arriscou em pelo menos um teatrinho de escola sabe que representar não é essa moleza toda. E a dificuldade talvez exista exatamente porque pensamos que devemos "fingir" ser outra pessoa.

Pode parecer uma afirmação estranha, mas não dá para fingir no teatro, na televisão ou no cinema. O que os especialistas recomendam é que os atores "vivam" seus personagens. Como se transformassem a si mesmos de fato, de corpo e alma, nos reis, princesas, bandidos, mendigos, caçadores, bruxas más, assombrações, deusas, heróis, traidores desprezíveis, assassinas e assassinados que povoam as tramas dos filmes, novelas e peças teatrais.

Essa capacidade de metamorfosear-se nos mais diferentes personagens é facilitada, com certeza, pelo talento individual. Mas só talento não é suficiente para alguém se tornar bom ator ou atriz. É necessário adquirir conhecimentos, cultura geral, noções de canto, dança, expressão corporal e por aí vai.

Construir personagens

O profissional encarregado de fazer esse treinamento é o preparador de atores. Essa é a especialidade de Giseli Ramos: "meu trabalho é fazer toda a preparação dos atores para que eles possam construir e entender seus personagens, o que exige trabalhar com textos, saber inflexionar a voz, respirar, pausar, posicionar-se diante das câmeras, entre outras técnicas". Quando recebem esse tipo de treinamento, os atores e atrizes são capazes de seguir de maneira mais consciente e produtiva as orientações do diretor.

Giseli não faz apenas a preparação nos ensaios ou antes de iniciar a gravação, como também acompanha de perto a performance dos atores em cena. "Assim, posso ver como eles estão se apresentando e o que precisa ser melhorado para as cenas seguintes." Essa preparação é especialmente importante quando os atores são crianças. Isso porque, conforme explica Giseli, o entendimento que elas têm do que é representar um personagem é diferente dos adultos. "Elas se dispersam com facilidade. Na televisão é tudo muito corrido, não há tempo de ficar dizendo: faz de novo, faz de novo. Por isso, esses atores de pouca idade precisam ser preparados ao máximo para o momento da gravação."

Ela gosta do trabalho que faz e incentiva as pessoas a ocuparem essas posições de bastidores. "Nessa profissão há espaço para todos. A dica que eu dou é que as pessoas nunca parem de correr atrás dos seus sonhos. Uma hora ou outra as coisas acontecem. Tudo que você faz com amor, com prazer, vai fluindo. Eu gosto muito do que eu faço. E imagino que é por isso que as coisas aconteceram da maneira que eu havia imaginado. Costumamos reagir às produções artísticas as quais assistimos com emoção, deleite, admiração e até lágrimas... Ficamos felizes e relaxados quando ouvimos uma música, admiramos um quadro ou assistimos a atores e atrizes competentes e carismáticos. Nessas ocasiões, costumamos pensar: "ah, que bom poder usufruir da arte, é quando esqueço meus problemas e me sinto leve e com a sensação de que tudo vai dar certo".

Síndico do castelo encantado

Mas neste mundo em que estamos, tudo tem, literalmente, um preço. Ou seja, por trás de todo enlevo que a arte é capaz de provocar, há contas a pagar, decisões que devem ser tomadas, contratos, advogados e seus processos. Em outras palavras, até mesmo um castelo encantado precisa de um síndico. Na televisão, no cinema, no teatro e nos shows, o nome desse síndico é produtor executivo.

Krishna Mahon, uma das mais conhecidas síndicas..., quer dizer, produtoras executivas brasileiras do cinema e da televisão, explica quais são as principais funções de um produtor executivo: "Eu já fui testemunha, e ainda sou, de pessoas que trazem ideias maravilhosas, com tudo para dar certo, mas que não pensam num plano de negócios, em como gerar dinheiro para pagar as contas que serão necessárias para que a ideia maravilhosa se transforme em programa ou filme de sucesso".

Com uma experiência em televisão que passa dos 25 anos, Krishna afirma que o que viveu na área a habilita a ajudar os produtores de documentários, séries e filmes a tornar a obra viável. "O que eu faço é olhar para o projeto como um todo, verificar se o cronograma é viável, priorizar os gastos; ver que etapas ainda estão desamarradas; sugerir fontes onde buscar recursos."

Krishna formou-se em Jornalismo e iniciou sua carreira como repórter de tevê. "Ali eu comecei a contar histórias e de contar histórias a tornar-me uma executiva foi um pulo", relembra ela. O pulo a levou para os Estados Unidos, onde trabalhou por sete anos no Discovery Channel como produtora executiva. Sua função era filtrar, entre os vários projetos que recebia, aqueles que preenchiam os requisitos para serem produzidos pelo grupo de canais por assinatura.

De volta ao Brasil, em 2010, Krishna abriu o escritório do History Channel, A&E e Lifetime. Aqui, como nos Estados Unidos, continuou a lidar com produtoras independentes. Diante dos projetos que recebe, Krishna pode se comportar como uma executiva ou uma mentora. Se recebe trabalhos já finalizados, ela os examina para decidir pela aquisição ou não da obra. Quando os projetos são apenas ideias, ela os acompanha do início ao fim, auxiliando na criação do melhor plano de negócios para viabilizar a produção. Em tudo, Krishna mete a sua colher: no financiamento, nas parcerias que serão firmadas, no conteúdo do roteiro, o esquema das gravações. "É como se eu fosse a mãe desses projetos", explica.

Mas o que são esses projetos recebidos das produtoras independentes? E, também, o que são exatamente essas produtoras independentes? Como já foi dito, uma mudança na legislação determinou que parte da programação levada ao ar pelas grandes emissoras, sejam elas abertas ou por assinatura, deveria ser proveniente dessas produtoras. O conteúdo que pode ser produzido de maneira independente é ilimitado. A rigor, tudo que se vê na tevê, talvez ainda com exceção dos telejornais, pode ser feito por produtores que não pertençam ao quadro das grandes emissoras: programas de aventuras na natureza, cobertura de campeonatos esportivos, filmes de longa ou curta metragens, novelas, shows e clipes musicais, programas de receitas culinárias, reality shows... enfim, praticamente todas as atrações de uma programação televisiva.

Quanto à definição do que é uma produtora independente, o próprio nome já dá uma boa pista do que isso a vem a ser. São empresas, muitas vezes formadas por pessoas que vieram das grandes emissoras, que têm o conhecimento técnico e artístico necessário para produzir atrações com a mesma qualidade da tevê convencional. Do início do roteiro até a edição final do programa, são essas produtoras que fazem e entregam a atração pronta para as emissoras, que as colocam no ar. As produtoras independentes são um fenômeno relativamente recente no cenário artístico brasileiro e, portanto, uma atraente oportunidade nos bastidores da produção.

"O mercado no Brasil vem evoluindo muito rapidamente", avalia Krishna Mahon. "Quando comecei, não existia a Ancine, por exemplo, e nenhuma lei de incentivo ou fomento para as produtoras. As televisões abertas trabalhavam sempre com as mesmas pessoas. Agora isso está mudando e o mercado vem se ampliando e profissionalizando." Krishna percebe ainda que os profissionais da área estão mais bem informados e formados. "Hoje se observa um salto gigantesco de aprendizado em todos os profissionais envolvidos. As produtoras independentes têm profissionais muito mais bem treinados. Os roteiristas e os produtores já pensam em termos de plano de negócios."

A formação ideal para quem pretende ser produtor é uma combinação de jornalismo e cinema, na opinião de Krishna. "Hoje em dia, as faculdades de rádio e TV começam a incorporar aos seus currículos essa parte de produção executiva, que não existia na época em que estudei." Para quem deseja começar uma carreira no audiovisual, a produtora recomenda, além de estudar e fazer cursos específicos, procurar estágios. "Isso é maravilhoso para a pessoa saber um pouco de tudo, ter uma visão geral do setor e verificar qual é a área que ela deseja acompanhar e, ainda, fundamental, assistir à tevê, e ao cinema, sempre com um olhar crítico.

DICA DO MARCELO

A toda hora se diz que a TV aberta está com os seus dias contados. A razão disso seria a concorrência com o Youtube, a Netflix e outros canais de conteúdo online. Mas eu não vejo nenhum sinal de que a TV aberta irá desaparecer. Ao contrário, ela está se adaptando, gerando conteúdo em streaming (sistema de difusão contínua, que permite ao usuário interromper e voltar a assistir a uma transmissão sem perder o conteúdo) e interagindo cada vez mais profundamente com a internet. A TV de sinal aberto atravessa, sim, um processo de reinvenção, o que cria novas oportunidades nos bastidores.

Música explicativa

Há outros produtores nos bastidores do universo da televisão e do cinema. O produtor musical é um deles. O trabalho de um produtor musical no cinema ou na televisão guarda muitos pontos em comum. Nas duas mídias, cabe a esse profissional indicar músicas já gravadas anteriormente para determinadas cenas, ou que sejam uma "marca registrada" de determinado personagem, ou, uma outra possibilidade, providenciar uma música inédita, escrita exclusivamente para a situação que se deseja destacar.

Uma trilha sonora bem escolhida é capaz de realçar o efeito dramático, incluindo aí situações de humor, de uma determinada cena ou sequência. Em algumas passagens, a música pode ser tão convincente que é capaz de tornar compreensível uma sequência de filme ou novela sem que haja qualquer diálogo entre os atores. Ou seja, a música explica o texto.

Talvez a grande diferença entre o produtor musical que trabalha num filme e o que está engajado numa novela esteja na diferença de ritmo de atuação. Novelas costumam ter um processo de produção acelerado, com a gravação de vários capítulos seguidos. O que os dois profissionais têm em comum é a tarefa de auxiliar na construção do personagem, adicionando as características emocionais subliminares que a música é capaz de despertar em nossas mentes.

Produtores musicais, portanto, precisam ser donos, além de um completo conhecimento musical, de uma sensibilidade artística acurada para transmitir sentimentos como raiva, ternura, medo, orgulho, amor, suspense ou ódio por meio de notas e acordes musicais. Não só isso. Espera-se deles também que tenham informações sobre a legislação que trata de direitos autorais e desenvoltura para negociar com músicos e compositores a adaptação de obras já produzidas para que se harmonizem com as novelas e filmes que ele, produtor, está encarregado de musicar.

Um exemplo disso é o que fez o produtor Laércio Ferreira, quando dirigiu a seleção musical para a novela *Amor e Revolução*, levada ao ar de abril de 2011 a janeiro de 2012 pelo SBT. A trama da novela se desenrolava tendo como fundo histórico o período em que o Brasil foi governado por uma sucessão de ditadores militares (1964 a 1985). As músicas escolhidas seriam, portanto, as canções da época que chamavam a atenção para a falta de liberdades democráticas ou que abordassem as angústias geradas nas pessoas por um regime político contra o qual havia inúmeras acusações de arbitrariedades, assassinatos e abusos contra os direitos humanos.

"Escolhemos a música *Roda Viva*, composta por Chico Buarque de Hollanda, como tema da abertura da novela, justamente por ser uma obra que representa a resistência à ditadura e ao autoritarismo", explicou Laércio Ferreira em uma entrevista dada ao blog *Bastidores* da própria emissora SBT[18]. Depois de definir que seria essa a música a ser trabalhada, Laércio acertou com o MPB4 (quarteto musical que apresentou em 1967, junto com Chico Buarque, a canção *Roda Viva* no III Festival de Música Popular Brasileira da TV Record, conquistando o terceiro lugar) a produção de uma versão da música especialmente para a novela.

Acredito que vale a pena lermos um pouco mais da entrevista dada por Laércio para compreender como um produtor musical conduz seu trabalho. Segundo disse, o primeiro passo foi reunir--se com o roteirista da novela *Amor e Revolução*, Tiago Santiago, e o diretor geral Reynaldo Boury para definir algumas músicas e o apelo dramático que seria seguido pela trilha: "Optamos por músicas da época ou que estivessem no contexto da trama".

Como o tema central da telenovela remetia a um período político, cultural e estético ocorrido, em alguns casos, há quase 50 anos, decidiu-se por regravar algumas músicas com arranjos mais contemporâneos. Isso foi feito com a música *Cálice* – originalmente composta em 1973, quando foi proibida, e lançada em 1978, por Chico Buarque e Milton Nascimento – e, na novela, reinterpretada pela cantora Pitty[19]. Embora não tratasse de nenhum tema político, a canção lançada por Roberto Carlos em 1967, *Só vou gostar de quem gosta de mim*, traduzia o clima comportamental da Jovem Guarda, como ficou conhecida a geração de jovens da época. Também foi regravada especialmente para a novela pela cantora Danni Carlos[20].

Nos primeiros passos da sua carreira, Laércio não precisou nem mesmo atravessar uma rua para iniciar-se como produtor musical. Quando jovem, ele morava em uma casa vizinha ao SBT. Tudo

18 Disponível em: https://www.sbt.com.br/amorerevolucao/bastidores/?c=162. Acesso em 14 de maio de 2019.

19 Disponível em: https://www.youtube.com/watch?v=lcj6Rb4-G80. Acesso em 14 de maio de 2019.

20 Disponível em:https://www.youtube.com/watch?v=eLlN2wEI05k. Acesso em 14 de maio de 2019.

começou em 1985, quando ele trabalhava num banco, e ficou sabendo que havia uma vaga na emissora. Pediu demissão e foi para a área de programação. Chegou às novelas em 2002. "O banco foi uma escola maravilhosa, que me deu uma ideia de administração muito rígida. E trabalhar com TV, que é lidar com arte e com entretenimento, é o que eu gosto de fazer e onde eu me sinto muito bem", conta.

Pega aí e vai fazendo

Quando chegou ao departamento de produção musical, Laércio não sabia como aquilo funcionava. "Fui aprendendo aos poucos", explica. "Eu cuidava da discoteca da emissora e o Cayon Gadia (1945-2007), que era diretor musical do SBT, me entregou uma cena da novela e disse apenas isso: 'pega essa cena aí, tem uma pessoa cantando, produz essa cena'. Eu nunca havia feito nada disso. 'Mas, como é que eu faço, Cayon?', eu perguntei. E ele: 'se vira, faz e me mostra.' Ou seja, aprendi fazendo. Depois que passei para a produção, fui para a faculdade, e só então me formei em Rádio e TV.

A função do diretor musical vai além de selecionar músicas. Em algumas novelas, é previsto que atores e atrizes cantem em cena. Na maior parte das vezes é feita uma encenação, e os atores não precisam necessariamente cantar. "Mas nós os preparamos para que tudo ficasse o mais realista possível", conta Laércio. "A maioria deles chega aqui e não sabe cantar, não sabe tocar. Como temos de passar uma verdade para o público, fazemos workshops, ou seja, contratamos pessoas especializadas em, por exemplo, violão, percussão ou sanfona para os treinar. A ideia não é ensinar alguém a tocar um instrumento ou a cantar. Vamos prepará-lo para aquela cena. O artista acaba sempre saindo melhor do que chegou."

Como em outras áreas ligadas ao mundo artístico, na produção musical as oportunidades de trabalho ainda surgem muito por indicação de algum profissional conhecido da equipe. As emissoras têm muitos freelancers que trabalham nas suas produções, por isso o quadro fixo não é grande. "Às vezes me perguntam nas palestras que faço, qual é a porta de entrada para o SBT. O conselho que eu dou é que tem que estudar, fazer uma faculdade e durante o período da faculdade conseguir um estágio. O estágio muda tudo. Se a pessoa se formou, mas nunca atuou no mercado, dificilmente vai conseguir uma oportunidade apenas colocando o canudo debaixo do braço", garante Laércio.

Há, ainda, outra profissão típica dos bastidores que tem certa complexidade, principalmente por despertar a atenção de uma parcela do público sempre disposta a apontar os seus erros. Trata-se do continuísta. O exemplo que trago a seguir mostra por que esse profissional é tão importante. O filme *O Poderoso Chefão*, lançado em 1972 e dirigido por Francis Ford Coppola, é incontestavelmente um dos maiores clássicos de Hollywood. É uma obra violenta, com inúmeras mortes resultantes da guerra de gangues entre a mafiosa família de Vito Corleone (representado pelo ator Marlon Brando) e as quadrilhas rivais. Uma das cenas mais impactantes surge quando Sonny Corleone (o ator James Caan), filho mais velho de dom Vito, é metralhado por dezenas de gângsteres, quando para o carro que estava dirigindo em uma cabine de pedágio.

Para-brisa metralhado

A sangrenta cena começa com a filmagem, de dentro do carro, de Sonny sendo atingido por uma rajada de metralhadora. A câmera mostra as balas atravessando e despedaçando o para-brisa. Em seguida, vários outros gângsteres abrem fogo contra Sonny. Agora, a cena é filmada mostrando o veículo pelo lado de fora sendo crivado de balas. Sonny ainda consegue abrir a porta do passageiro e cai ao chão, agonizando. A visão do corpo caído no chão é perturbadora, mas igualmente chocante é constatar, desde que se tenha o olhar atento, que nessa cena, milagrosamente, o para-brisa do carro, que havia sido feito em pedaços segundos antes, está, agora, perfeito. Sem um trincado sequer[21].

Claro, esse deslize não tirou o brilho do filme, que recebeu três estatuetas do Oscar e outras sete indicações da Academia, mas certamente rendeu ao continuísta a nada lisonjeira presença em todas as centenas de sites na internet que reproduzem erros de continuidade nos filmes. Essa é uma das atribuições do continuísta, tanto no cinema quanto na televisão: cuidar para que não haja discrepâncias entre as cenas, perturbando o acompanhamento da trama.

Para um melhor entendimento da importância do papel do continuísta, vamos relembrar como filmes e novelas são gravados. Quando assistimos a um filme, temos a impressão de que as diversas cenas foram todas filmadas exatamente na ordem em que estão sendo exibidas, numa sequência contínua. Mas não é isso o que acontece. Como é necessário mudar a posição das câmeras em uma mesma cena, agregar diferentes elementos ao cenário ou mudar a maquiagem dos atores, a filmagem é feita de maneira descontínua, em "takes" curtos, com duração de segundos.

Alguns desses takes são feitos em dias diferentes, em lugares diversos. A ordem da filmagem é executada de modo a facilitar a produção, diminuindo o número de deslocamentos, movimentação e aluguel de equipamentos, a mobilização de pessoas e outras providências. Pode ser até mesmo que a última cena de um filme seja a primeira filmada pela equipe. Ao final, na edição, essas imagens captadas separadamente são colocadas na sequência determinada pelo script, trazendo nexo para a história e passando a impressão de que tudo foi filmado de maneira contínua. Como se fosse montado um quebra-cabeças.

Na medida em que os takes não são feitos na ordem em que serão exibidos, ele, o continuísta, se encarrega de verificar se os

---

21 Confira em: https://www.youtube.com/watch?v=sJU2cz9ytPQ. Acesso em 14 de maio de 2019.

elementos de cena, a maquiagem, as roupas usadas, os penteados, o ângulo em que está sendo feita a filmagem são preservados de maneira que, no momento da montagem, não surjam discrepâncias de continuidade. Por exemplo, um ator que veste camisa branca e, um segundo depois, surge com camisa azul. Um vaso que desaparece durante a cena de um diálogo em torno de uma mesa e reaparece do nada. Uma sequência em que, ao fundo, uma janela que deixa entrar a luz do sol e, num piscar de olhos, mostra noite fechada. Ou que pareça que um para-brisas se recupere por si só do estrago feito por uma rajada de metralhadora.

No exemplo da morte de Sonny, no *Poderoso Chefão*, é provável que a cena do tiroteio que o "matou" tenha sido gravada primeiro com a sequência mostrando o carro sendo crivado de balas visto do lado de fora. Em seguida, a câmera foi colocada dentro do veículo para mostrar os tiros perfurando o para-brisas. Na hora da montagem do filme, no entanto, inverteu-se a ordem de filmagem dos takes, sem que ninguém se desse conta disso.

"O continuísta ajuda a organizar as cenas na gravação", diz Leonardo Gonçalves, que há quase uma década exerce essa função na teledramaturgia do SBT. "Como as cenas são gravadas fora de ordem, a atuação dele é fundamental no set de gravação; cabe a ele saber para onde o ator está indo, de onde está vindo e anotar todos os detalhes como roupas, o cenário, posição dos atores secundários. Assim, na montagem final, tudo está mais fácil para a edição."

Leonardo graduou-se em Rádio e TV pela Anhembi-Morumbi em São Paulo e entrou como estagiário na tevê. Mas tudo o que aprendeu para a profissão de continuísta foi na prática mesmo. "Não se ensina continuidade na faculdade", diz. "De início fui estagiário da produção, alguém que faz um pouco de tudo. Depois fui para o financeiro da produção. É trocando de função dessa maneira que a gente acaba por descobrir do que gosta mais, o que é capaz de fazer melhor. Há quase dez anos sou continuísta e gosto muito do que eu faço", afirma.

A principal habilidade que um continuísta precisa ter, conforme explica Leonardo, é boa observação e gosto pela leitura. "Sim, gostar de leitura, pois você tem de ler todos os scripts da novela. Uma das que eu fiz, *Carinha de Anjo*, era composta por 280 diferentes scripts, cada um com uma média de 40 páginas. É preciso ler todos eles. Só assim é possível entender a trama. Encaixando todas etapas, você conseguirá ajudar a deixar a história mais fluida, com o mínimo de erros." E, é claro, um bom continuísta também deve gostar de assistir a filmes e novelas e, sempre, estar de olho na continuidade entre as cenas.

Embora não haja uma delimitação clara entre os temas que as quatro maiores emissoras brasileiras que produzem telenovelas elegem para suas tramas, é possível notar que há certa "vocação" em cada uma delas. Enquanto a Globo, a de maior audiência, trata de assuntos mais voltados para o público adulto, como também o faz, em menor escala, a Bandeirantes, a Record centra sua atenção em novelas com inspirações em temas bíblicos; já o SBT tem a sua força concentrada nas produções destinadas ao público infantojuvenil.

1.200 crianças testadas

Selecionar crianças candidatas a participar de uma telenovela é exatamente o que faz, desde 2011, Tiago Coquelet, no SBT. Antes disso, ele já estava na emissora, mas como estagiário, correndo de um lado para o outro, levando coisas para lá e para cá, e realizando trabalhos na produção de elenco. "Eu era quase um office-boy das novelas. Um dia, disseram para mim: Tiago você vai produzir o elenco infantil da novela; caí de paraquedas na tarefa, pois não sabia nada disso e, me lembro bem, testamos 1.200 crianças para escolher um elenco de 18 atores."

A novela era a *Carrossel*, exibida pelo SBT entre maio de 1991 e abril de 1992, um dos maiores sucessos da história da emissora. "Iniciar na produção de elenco foi um desafio", relembra Tiago. "Funcionou assim: alguém chegou, entregou uma sinopse para mim com os perfis dos personagens e me disse 'eu quero esse elenco montado daqui a três meses'. Começamos a procurar agências de modelos, escolas de teatro, a assistir a filmes..., enfim, correr atrás da molecada. *Carrossel* foi uma escola, não só para mim como para a equipe toda."

"Trabalhar com elenco infantil é um pouco mais desgastante do que com adultos. Desgastante, talvez não seja a palavra. É mais delicado. É preciso saber respeitar o tempo delas", ensina Tiago Coquelet. Crianças têm um ritmo próprio. Elas precisam ir para a escola e vão chegar na emissora cansadas e com fome. Elas têm necessidade também de um tempo para brincar. "Precisamos cuidar delas como profissionais da novela; mas, de outro, lidar com elas como as crianças que são", diz. "Em todas as profissões das artes, no palco ou nos bastidores, só nos sentiremos realizados se tivermos esses cuidados uns com os outros."

Quase todos nós já passamos pela experiência de ficarmos tontos e desorientados quando vamos a uma festinha de crianças, nas quais cinco adoráveis pequenos gritam e correm de um lado para o outro. Por isso, é fácil imaginar o controle e o profissionalismo que os produtores de televisão precisam ter quando cuidam, por exemplo, de um elenco infantil. Tiago Coquelet conta que já gerenciou 25 atores infantis esperando juntos no estúdio para gravar as cenas de *Carrossel*.

A dinâmica do cinema, embora tenha pressas de outra ordem, é bem parecida com a da televisão, que narramos nas páginas anteriores. Mas há outra grande semelhança com os profissionais da telinha. O cinema também vive uma das suas maiores expansões profissionais, desde que surgiu no Brasil, no início do século passado. Talvez mais do que a televisão, o cinema vem se beneficiando de leis que favoreceram o aumento da demanda por produções nacionais. Um vigoroso *boom* no setor, que está contado no próximo capítulo.

O UNIVERSO DO CINEMA ESTÁ EM EXPANSÃO

Entre pausas, avanços, previsões otimistas e algumas marchas-a-ré, o cenário artístico brasileiro como um todo vem avançando nos últimos anos. As profissões da área estão sendo regulamentadas e conquistam espaços – empurradas, também, pelos avanços tecnológicos que abriram inúmeras oportunidades para quem procura ocupar um espaço nesse mercado.

Mas é provável que, entre elas, o universo do cinema seja o segmento que mais cresceu nos últimos anos. O que o diferencia nesse panorama são as inéditas oportunidades que foram abertas pela legislação, mais precisamente por duas leis. A primeira delas é a Lei do Audiovisual, regulamentada pela ANCINE, Agência Nacional do Cinema, em 2003[22]. A outra é a chamada Lei da TV Paga, de 2011[23].

A Lei do Audiovisual autoriza a captação de recursos das empresas privadas para a produção de obras audiovisuais brasileiras. Entre essas obras estão incluídos filmes de longa, média e curtas-metragens; telefilmes; minisséries, obras seriadas e programas para televisão de caráter educativo e cultural. Essa regulamentação não significa, como não poderia ser diferente, que todos os projetos de filmes obrigatoriamente vão receber recursos de particulares, mas aumentou de modo perceptível a quantidade de dinheiro disponível para o setor.

No primeiro trimestre de 2018, o governo federal garantia que a Lei do Audiovisual seria estendida até pelo menos 2022, o que coloca o setor com uma boa perspectiva para os próximos anos.

Outra bem-vinda novidade foi a trazida pela Lei da TV Paga. Ela torna obrigatória para todas as emissoras de tevê por assinatura a exibição, em horário nobre, de um mínimo de 3h30, semanalmente, de conteúdo brasileiro. Metade dessa produção audiovisual, de acordo com a lei, deve ser feita por produtoras independentes. Para se ter

22 Disponível em:https://www.ancine.gov.br/pt-br/sala-imprensa/noticias/ancine-regulamenta-art-1-da-lei-do-audiovisual. Acesso em 15 de maio de 2019.

23 Disponível em: https://ancine.gov.br/pt-br/conteudo/lei-da-tv-paga. Acesso

uma ideia do impacto dessas duas leis sobre o mercado, a Ancine registrou, em 2016, a existência de 5.759 produtoras brasileiras independentes[24].

DICA DO MARCELO

Volta e meia a questão dos incentivos oficiais à produções artísticas, como a Lei Rouanet, ganham amplo espaço na mídia. O governo vai acabar com os incentivos? O governo prometeu incrementar os incentivos? Na minha opinião, devemos assumir uma postura otimista. Eu, Marcelo, acredito no Brasil. Estou certo de que tudo vai melhorar! As artes vão progredir! Por mais que se fale em questões políticas, por mais que o pessimismo cresça, não devemos desanimar. Muitas vezes perdemos a coragem em até tentar produzir nossos espetáculos, escrever nossos livros, praticar nossa arte. Não devemos prestar atenção às dificuldades, mas sempre seguir em frente com confiança e perseverança. E, sei por experiência própria: agindo assim, as coisas sempre acontecem!

O Brasil possui longa tradição na produção cinematográfica. Desde 1907, já se produzem filmes no país, mesma época em que surgiam as primeiras obras em película no resto do mundo. Mas, por aqui, o cinema nunca chegou a se firmar verdadeiramente como indústria. Nossa produção sempre experimentou ciclos irregulares, com períodos de maior ou menor inspiração e de altos e baixos no interesse do público brasileiro.[25]

24 Informação disponível em: http://agenciabrasil.ebc.com.br/cultura/noticia/2017-05/ancine-lei-da-tv-paga-ampliou-producao-audiovisual-independente-no-pais. Acesso em 15 de maio de 2019.

25 Informação disponível em: https://pt.wikipedia.org/wiki/Cinema_do_Brasil#Invas%C3%A3o:_1915-1930. Acesso em 15 de maio de 2019.

Chanchadas da Atlântida

O país, é certo, viveu momentos de volumosa bilheteria, como na época das chanchadas – filmes que expressavam humor ingênuo e atuações exageradas, de caráter popular e quase sempre traziam o Carnaval como tema central. Essas obras saíam dos estúdios da Atlântida Cinematográfica, instalada no Rio de Janeiro, que experimentou vida relativamente curta de 21 anos, de 1941 a 1962[26], quando comparamos com estúdios ainda em atividade, como a Columbia Pictures, fundada em 1918; a MGM, de 1924; ou a 20th Century Fox, 1935. Da Atlântida saíram cerca de 60 longas-metragens e dezenas de atores que se tornaram conhecidos nacionalmente e, mais tarde, seriam as grandes estrelas das novelas televisas que se seguiriam.

Nessa mesma época, surge, com proposta voltada para "tratar temas brasileiros com a técnica e a linguagem do melhor cinema mundial", a Companhia Cinematográfica Vera Cruz. No seu grande estúdio cinematográfico, instalado em São Bernardo do Campo (SP), foram produzidos, de 1949 a 1954, mais de 40 filmes de longa-metragem. Embora tenha experimentado vida curta, a Vera Cruz trouxe uma injeção de modernidade tecnológica ao cinema nacional, com os equipamentos de última geração que instalou em seu estúdio.

Outras fases importantes se seguiriam, como a do Cinema Novo, que se estendeu de 1963 a 1970, quando diretores de grande importância para o cinema nacional – a exemplo de Glauber Rocha e Nelson Pereira dos Santos – dirigiram películas que seguiam roteiros engajados politicamente. O golpe militar de 1964 e a severa censura à produção artística, que se implantaria ao longo das duas décadas seguintes, colocariam fortes limites a essa expressão ideológica do cinema nacional.

26 https://www.ancine.gov.br/media/Saiba_mais.pdf

Apenas a partir do final da década de 1990, o cenário sofreria mudanças de maior profundidade. Em 1997 é criada a Globo Filmes, o braço de cinema da Rede Globo, que passa a atuar também associada a produtoras independentes. Mais de 200 filmes foram lançados desde então. Sucessos de bilheteria como *Tropa de Elite*, *A Grande Família*, *Cidade de Deus*, *Lisbela e o Prisioneiro*, *Carandiru*, *Aquarius*, entre outros, foram produzidos ou coproduzidos pela Globo Filmes, transformando a dinâmica do cinema nacional. Esse quadro de progresso, com algumas idas e vindas e acrescido de vários outros players, persiste até a atualidade.

Observador privilegiado

O universo do cinema é formado não só pelas estrelas que brilham nas telas, mas por outras inúmeras e variadas profissões. E um dos profissionais que mais conhece os bastidores dessa indústria é Martin Eikmeier. Atuando como músico e compositor de trilhas musicais para cinema e teatro há vários anos, Martin conhece bem a indústria do cinema. Mas é o seu cargo de coordenador da Academia Internacional de Cinema, em São Paulo, que lhe dá um posto de observação privilegiado para analisar os rumos que esse mercado vem tomando e perceber as exigências que aqueles que o integram devem atender para estarem afinados com os novos ritmos que movimentam essa área.

Uma das suas atribuições, como participante da coordenação acadêmica, é projetar novos cursos e fazer correções de rumo nas propostas pedagógicas daqueles já existentes. Ao contrário do que acontece em grande parte das escolas e faculdades, na Academia Internacional de Cinema, a maioria dos professores são atuantes no mercado de trabalho. Eventualmente, possuem em paralelo uma carreira acadêmica, embora esta não seja uma prioridade para a escola. "Por esse motivo, não é raro um dos nossos professores vir me avisar que irá gravar um filme e, por isso, terá de ficar afastado por três meses. Quando isso acontece, temos de buscar alguém do mercado para substituí-lo", conta Martin.

Uma consequência desse perfil do corpo docente da Academia Internacional, conforme explica o seu coordenador, é a motivação dos seus professores que, segundo acredita, vai muito além de uma obrigação profissional com a docência.

"A maior parte deles gosta dessa coisa de ensinar, e divide o seu tempo, algumas vezes espremendo suas agendas, com a sua atuação no mercado. Eles são diretores que estão rodando filmes, fotógrafos que atuam nos mercados de TV, cinema e publicidade. Diretores de arte, compositores, técnicos de som, atores, roteiristas, montadores. Enfim, pessoas ocupadas que desdobram seu tempo motivadas pelo prazer de ensinar".

É com esse conhecimento do mercado, que Martin Eikmeier fala sobre os rumos atuais do mercado de cinema, e quais as exigências que as profissões dessa área estão colocando para os candidatos que desejam nela trabalhar. Uma das transformações que está em curso diz respeito à maneira como se dá o processo de desenvolvimento de um filme, que agora congrega diferentes pessoas com conhecimentos diversos, que fazem reuniões para tomar decisões em conjunto. Um exemplo é o cenário cada vez mais comum, no qual os roteiros são desenvolvidos a partir de laboratórios de criação, dos quais participa uma equipe de roteiristas. Ou seja, o roteiro tem de estar bem mais maduro no momento em que de fato as filmagens terão início.

"Minha própria experiência é um bom exemplo de como se dá isso", diz Martin Eikmeier. "Meu trabalho sempre foi o de produzir trilhas sonoras para os filmes, o que eu fazia de maneira solitária, mas agora eu tenho cada vez mais contato com a produção. Tudo está mais integrado."

Nova lógica de produção

O aumento recente da produção de cinema, decorrente sobretudo de novas políticas públicas, conta também com a internet que impulsiona a multiplicação de pessoas envolvidas em produções audiovisuais. "A produção na web está fazendo surgir uma lógica de produção inédita, mais informal, mais rápida e mais barata. Mas essa mudança não dispensa as pessoas de se educarem. Continua válida a ideia de que se deve procurar cursos e treinamentos, para ter sucesso nesse universo", ensina Martin Eikmeier.

No entanto, é preciso ir além do conhecimento técnico, diz ele. Há também a exigência criativa, artística, que se adquire pela informação. Não basta mais ser um ótimo operador de câmera. Hoje, esse profissional terá de tomar decisões artísticas. Para isso, ele deverá aprender a olhar para o processo de produção de uma maneira integrada. Isso significa que as pessoas não vão trabalhar sozinhas. "Chegar ao set de filmagem, fazer seu trabalho e ir embora é coisa do passado", garante Martin Eikmeier. "O cinema e o audiovisual exigem trabalho em equipe. É como montar uma banda, na qual cada um toca o seu instrumento, mas em harmonia com os outros integrantes. Não existe carreira solo no cinema."

DICA DO MARCELO

Falamos várias vezes neste livro da importância de fazer um estágio na área artística desejada, para entender o funcionamento do setor, aprender com os profissionais mais experientes e até mesmo ter certeza de que é essa carreira que se pretende seguir. Mas sugiro ir ainda mais fundo: esforce-se para conseguir um mentor. Esse seria alguém que se disporia a aconselhar e auxiliar você na sua carreira de maneira contínua. Por exemplo, uma pessoa da sua área de atuação na qual você confiasse e que se dispusesse a reunir-se uma vez por semana para uma conversa em que você pedisse conselhos, falasse de suas inseguranças profissionais, debatesse seus projetos ou com quem você tivesse a liberdade de até chorar, se fosse esse o caso. Muita gente tem um mentor, e os resultados são fantásticos.

Um dos "músicos" dessa banda ao qual Martin se refere é o produtor de elenco, profissão da ex-jornalista Cecília Homem de Mello, que iniciou a sua carreira no jornal *Diário Popular*, em São Paulo. Cecília mudaria seus rumos profissionais ao ser levada pelo apresentador de televisão Marcelo Tas aos sócios da produtora de vídeo *Olhar Eletrônico*. Ali, ela começaria a sua atuação como roteirista e, cinco anos mais tarde, na função de produtora de elenco. Foi nessa condição que Cecília participou, entre outros, do filme *Domésticas* (2001) e da série para a TV Globo, *Som e Fúria* (2009), ambos dirigidos por Fernando Meirelles.

Produtores de elenco são fundamentais para o bom desenvolvimento de uma obra artística, sejam filmes, seriados, novelas ou teatro, entre outros, mas o público pouco sabe da relevância da sua função. São esses os profissionais dos bastidores responsáveis por escalar os atores e atrizes que irão se apresentar nos filmes. É verdade que roteiristas e diretores algumas vezes indicam os atores que gostariam de ver atuando em suas produções, mas quase sempre essa tarefa cabe aos produtores de elenco.

Cecília explica que o início da sua trajetória como produtora não se deu a partir de uma escolha firme e consciente: "Comecei trabalhando nesse meio quase por acaso", ela conta. "Eu fazia textos na antiga *Olhar Eletrônico* para campanhas institucionais e programas experimentais de TV, mas como conhecia vários atores da época em que cursei a *Escola de Arte Dramática*, da Escola de Comunicações e Artes da Universidade de São Paulo, comecei a indicar quem poderia fazer um papel ou outro. Com o tempo, acabei me tornando uma produtora de elenco."

Caçadores de talentos

Conhecer atores é, com certeza, o "pulo do gato" para um produtor de elenco ter sucesso. Em entrevista no jornal carioca *O Globo*, a produtora da TV Globo, Yolanda Rodrigues, explicou como ela procura esses talentos. "Faz parte da nossa rotina ir ao teatro, ver

TV e ir ao cinema. Somos caçadores de talentos", afirma ela. "Hoje, a internet e o YouTube também ajudam a descobrir essas novas estrelas."[27]

A produtora Frida Richter, há mais de três décadas na profissão de produtora de elenco, também conta, desta vez numa entrevista para o site de notícias *UOL*[28], como se dá essa procura por talentos: "Participamos de festivais de cinema e teatro pelo Brasil inteiro. Contamos também com pesquisadores viajando e conhecendo escolas, universidades e cursos. A internet é um facilitador, pois podemos pesquisar linguagens e tendências com muita rapidez e mesmo fazer testes a distância."

O trabalho dos produtores começa no momento em que o roteiro do filme, do seriado ou da novela já está próximo da sua forma final. Quando o perfil dos personagens já está definido, cabe a esses produtores analisar o seu banco de dados e verificar quais são os atores que se encaixariam perfeitamente nas exigências da trama. Os candidatos ao papel são chamados para testes e o seu desempenho é avaliado, em geral na presença do diretor e outros profissionais. Os que atenderem às expectativas serão chamados para integrar o elenco.

Mas quais são as habilidades que alguém deve ter para tornar-se um bom produtor de elenco? Cecília Homem de Mello explica algumas delas: "Gostar de conhecer pessoas, ser educado e respeitoso com o trabalho dos atores, observar constantemente, frequentar as produções do meio, ir ao teatro, cinema, saber trabalhar em equipe e gerar empatia pelos outros."

---

27 Dispopnível em: https://oglobo.globo.com/cultura/revista-da-tv/como-trabalham-os-produtores-de-elenco-que-selecionam-atores-recrutam-novos-talentos-na-tv-2877537#ixzz59jPpVv3b. Acesso em 15 de maio de 2019.

28 Disponível em: https://televisao.uol.com.br/noticias/redacao/2015/08/24/eles-escolhem-quem-vemos-na-tv-conheca-o-trabalho-dos-produtores-de-elenco.htm. Acesso em 15 de maio de 2019.

Para quem está começando, a maior dificuldade é encontrar uma produtora de filmes que o aceite como estagiário. "É preciso insistir e não desanimar nunca, mesmo quando surgir a sensação de que uma boa oportunidade nunca irá acontecer", ensina ela. Depois que se consegue um lugar numa empresa da área, a circulação por esse mercado se dá de maneira mais fácil e o jovem produtor começará a ter acesso ao mercado de trabalho. Claro, é preciso trabalhar com um mínimo de competência, mas quando o jovem profissional começa a adquirir certa visibilidade, um trabalho vai chamar outro.

A porta de entrada para assumir a função ou tornar-se um produtor de elenco é conseguir ser aceito como estagiário em alguma produtora. Uma vez ali, é hora de acompanhar o máximo de produções que são feitas, ou seja, exercer o aprendizado na prática. Embora não existam cursos formais e específicos para essa área em escolas, sempre há workshops ministrados por produtores veteranos que querem passar seus conhecimentos adiante.

Do jazz ao cinema

Mesmo se Edmundo Guimarães Côrtes, que tem como nome artístico Ed Côrtes, quisesse fugir da música, dificilmente conseguiria. Ed nasceu com o universo musical praticamente registrado em sua certidão de nascimento. Seu pai era pianista, compositor, maestro e arranjador. Sua mãe, cantora lírica e professora de canto. A irmã, Gê Côrtes, é contrabaixista. O avô paterno de Ed Côrtes foi flautista e a sua avó materna tocava violino nas antigas sessões de cinema. "Estudo música desde sempre. Era esse o meu destino, não tinha como fugir", diz ele.

Empurrado pelo seu DNA, Ed iniciou carreira no jazz, como saxofonista. Mas logo achou que precisava ainda de mais música, e começou a compor e a reger. Ao final de uma das suas apresentações, Emílio Carrera, maestro de relevância que atuava também na publicidade com trilhas musicais, se aproximou de Ed e lhe fez uma proposta: "ouvi a sua música, ela é muito descritiva, parece uma trilha de cinema. Você não tem interesse em trabalhar com trilha de cinema?"

Por que não? Ed sempre havia gostado de cinema, e, vejam só, adorava trilhas musicais de cinema. "Claro, tenho todo interesse". E foi assim que mergulhou nesse mercado, para nunca mais sair. Com o tempo, o compositor foi crescendo nessa nova atribuição. Fez trilhas para publicidade e projetos para cinema. Logo montaria sua própria produtora e faria trilhas de relevância, como para os filmes *Cidade de Deus* e *Abril Despedaçado*, dos diretores Fernando Meirelles e Walter Salles.

Mas o que, de fato, é o trabalho de um produtor musical na área de cinema? O que é uma trilha sonora? Começando com a definição do que é a trilha sonora, no Brasil esse conceito abrange todas as músicas executadas num filme, seja para o cinema ou para a publicidade. Em algumas línguas, como no inglês, a definição de trilha sonora faz distinção entre o que são músicas compostas exclusivamente para um determinado filme (*film score*) e o uso de músicas já conhecidas em algumas cenas da película (*soundtrack*). A principal função do produtor musical é compor essas músicas para os filmes ou escolher quais músicas já existentes podem servir para realçar o clima dramático e o impacto emocional nas diferentes cenas cinematográficas.

O processo de criação pode se dar de maneiras diversas[29]. O mais usual é que o compositor comece a compor no momento em que as filmagens já terminaram e o filme está começando a ser editado, ou seja, a fase em que as diferentes filmagens, ou takes, quase sempre feitas de maneira descontínua, começam a ser colocadas em sequência lógica, obedecendo ao roteiro. Também pode acontecer de o compositor acompanhar as filmagens no local em que estão sendo feitas, especialmente quando é previsto que os atores representem cenas nas quais devem atuar de acordo com algum ritmo musical.

---

29 Informação disponível em: https://en.wikipedia.org/wiki/Film_score Acesso em 15 de maio de 2019.

Além de se esperar que o compositor seja capaz de, com a sua música, estabelecer o clima dramático desejado, ele deve ter também a habilidade de adequar a música ao tempo, contado em segundos, à atmosfera emocional em que a cena se desenrola. O ritmo de uma valsa talvez não seja o mais indicado para criar a tensão necessária que se espera em uma perseguição policial em alta velocidade e com tiros. Também um rock pesado estragaria a dramaticidade lacrimosa da cena final em que o herói está morrendo e dizendo à heroína o quanto ele a ama.

Quando se considera o dinheiro gerado pelo mercado de cinema e pelo mercado de publicidade para o produtor musical, há uma diferença entre o retorno que vem desses dois setores. A demanda para compor músicas para o cinema é muito menor do que a procura por trilhas musicais para publicidade. Isso pode nos fazer pensar que, se o que se quer é dinheiro, o melhor é seguir para a criação de músicas para a publicidade. No entanto, as músicas originais para filmes e a composição dos cues – que é como se chamam as músicas feitas especialmente para cenas específicas – são muito mais bem remunerados do que as trilhas publicitárias.

Diversificação obrigatória

Tanto para o produtor musical que prefere a publicidade quanto para aquele que investe preferencialmente no cinema, estar aberto a fazer composições e arranjos bem diversificados é qualidade quase obrigatória. Ed Côrtes acredita que lidar bem com novidades é característica que adquiriu quando ainda era bem jovem. "Eu tocava clarinete e sempre gostei de entender as orquestrações. Fuçava muito, mas por minha própria conta. Eu tenho pilhas e pilhas de partituras. Muita coisa escrita para orquestra, muitas trilhas de filmes, muitas gravações grandes e pequenas de metais (instrumentos de sopro)." Quando passou a trabalhar com publicidade, essa diversidade de informações mostrou-se fundamental. "Na publicidade você todo dia tem que criar algo. Um dia, uma bossa nova em russo, no outro uma música de orquestra. No terceiro dia, é preciso criar um jingle de varejo. Ou seja, é necessário fazer coisas diferentes sempre. Isso faz com que nossa formação se torne muito ampla", explica.

Ed Côrtes não se sente incomodado com o fato de trabalhar nos bastidores do cinema, longe das luzes e da fama. "Ninguém, do grande público, sabe que eu existo", diverte-se. Mas esse relativo anonimato não livra esses profissionais de suas grandes responsabilidades. "O trabalho nos bastidores tem mais exigências do que as pedidas para as estrelas que estão no palco e nas telas. Isso acontece porque as grandes estrelas têm uma agenda muito apertada. Quando chegam para gravar, para dançar, cantar ou qualquer outra coisa, tudo tem de estar pronto para começar.

Para quem pensa em tornar-se produtor musical, Ed dá um conselho: "seja bom em tudo e ótimo em alguma coisa. Você tem que saber um pouco de tudo e tem que ter alguma coisa em que você é o melhor, o campeão, nem que seja para dizer: 'eu sou o melhor cara que faz som de bumbo'. Se você for o melhor cara que faz o melhor som de bumbo, não vai faltar trabalho para você. Mas se o seu som de bumbo e tudo o mais que você fizer for apenas um OK normal, vai ser mais difícil. Então, você vai ter que fazer um esforço para ser um grande destaque em alguma especialidade", afirma.

DICA DO MARCELO

Assim como o mercado da televisão, o cinema foi beneficiado nos últimos anos pela determinação legal às emissoras de exibir produções nacionais independentes. É hora, portanto, de mergulhar nessa boa onda, mas lembrando um pensamento que sempre escutei de alguns amigos: "Nunca entre com os dois pés em uma lagoa profunda"'. Ou seja, aproveite os bons momentos do mercado, mas comece qualquer negócio só depois de ter feito um planejamento estratégico, uma análise cuidadosa. Senão você pode se afogar. Muita gente quer ser empreendedora, ter o próprio negócio, sem nunca ter tido essa experiência anteriormente, e aposta todas as suas fichas de uma vez. Não recomendo a ninguém tocar um negócio sozinho, sem antes ter passado por uma experiência de administrar um empreendimento. Precisamos ser verdadeiros conosco. Não é porque algo é bom para os outros que também será para mim.

A necessidade de que fala Ed Côrtes, de estar aberto para atender a demandas extremamente diversas, é confirmada pelo também produtor musical Luciano Kurban. Tendo iniciado sua trajetória na música tocando em botecos, de pura farra, ele descobriu que era aquilo que ele queria e gostava. Estudou e deu aulas de música, foi diretor de show, compositor, gravou CDs e, quando se deu conta, era produtor musical. Na época da música no boteco, Luciano já estava no cinema. Ocupava-se de edição de filmes, operação de câmaras e até mesmo dirigia alguns takes. Mas a música era só uma brincadeira.

Luciano começou a trabalhar na agência *Olhar Eletrônico*, que depois transformou-se na conhecida produtora O2. Naquela época, a agência só produzia vídeos institucionais, ou seja, filmes de empresas, quase sempre voltados para levar informações de maneira mais atraente para os próprios funcionários das organizações que contratavam os serviços da O2. "O que eu fazia era pegar um CD para sonorizar algum filme. A empresa, no entanto, passou a ampliar seu campo de atuação e começou a fazer comerciais. O trabalho aumentou e, muitas vezes, eu não encontrava a música que queria. Aí pensei, vou trazer meu violão e compor eu mesmo as trilhas. Tudo assim, improvisado e por acidente", conta Luciano.

As coisas iam assim, andando aos pouquinhos, até que um domingo à noite, o (diretor de cinema) Fernando Meirelles liga para Luciano: "Estou fazendo um piloto (filme teste para avaliar a reação do público ou do cliente) para uma campanha publicitária e achei o filme meio vazio. Você não poderia colocar uma coisa aí, uma musiquinha, um som qualquer?" Luciano coçou a cabeça. Ele não fazia ideia do que poderia ser a tal musiquinha, mas levou para casa e colocou a tal trilha. "No dia seguinte, Fernando me telefona e diz: 'mostrei o negócio para a agência de publicidade e o pessoal me perguntou: quem é o louco que fez isso?'. Fiquei nervoso e respondi: 'Puxa, Fernando, me desculpe, não sei mesmo fazer esse negócio de publicidade e..." E ele me interrompeu: 'Não, eles acharam sensacional e me contrataram para fazer uma campanha de 10 filmes!'. Foi meu primeiro trabalho, uma campanha da então famosa marca de calças, US TOP!"

Decodificar um briefing

Volta e meia alguém pergunta para Luciano Kurban qual é a principal habilidade que alguém que queira trabalhar como produtor musical deve ter. Naturalmente, a primeira coisa é ser músico, mesmo que seja um autodidata, alguém que não frequentou escola musical, ele responde. "Mas a habilidade mais importante nessa profissão é você saber decodificar um briefing, ou seja, você está numa reunião, as pessoas explicam o que é o filme e querem saber que música pode ficar bem com aquela ideia que foi levantada. O problema é que costumam aparecer ideias bizarras. Às vezes pedem algo assim: "Luciano, faz aí uma música verde!" O importante, portanto, é desenvolver a habilidade de entender o que aquela pessoa quer dizer quando pede coisas, mesmo que seja uma música verde."

O número de produtoras aumentou muito nos últimos anos, mas o mercado não cresceu na mesma velocidade. "Na época em que eu comecei, havia no máximo 10 produtoras. Hoje devem existir umas 120", diz Luciano. E é um mercado de fases. Em uma época uma produtora é a bola da vez e todas as agências de publicidade querem trabalhar com ela. Depois, muda para outra produtora e assim vai o mercado. "Há muitos compositores e músicos, especialmente em São Paulo. Estão sobrando os músicos talentosos. Mas carecemos de bons profissionais técnicos, aqueles que ligam o equipamento e sabem operá-lo. Isso ainda é um pouco deficiente. Mas está aí uma boa oportunidade nos bastidores do cinema", afirma.

DICA DO MARCELO

Foi-se o tempo em que os artistas podiam se dar ao luxo de terem uma "uma cabeça de artista" e não se envolverem com as questões técnicas que dizem respeito à profissão. Devemos sempre entender, saber lidar com tecnologia, equipamentos, finanças, administração... enfim, todas aquelas coisas que as pessoas criativas costumam considerar "chatas". Nosso mundo está se inovando numa velocidade gigantesca. Quem não acompanha esse ritmo, dança no mau sentido da palavra. As pessoas que criam têm, cada vez mais, de saber o que há de novo em, por exemplo, aplicativos voltados para a administração de negócios, para desenhar um cenário ou planejar a iluminação de uma cena a ser filmada. Quem ignorar a tecnologia, pagará mais caro por serviços do que seria necessário, poderá ser passado para trás ao fechar negócios e até mesmo não conseguir mais permanecer no mercado como alguém competitivo.

Se algumas profissões começam em serestas e cantorias de bar, outras têm início em lugares ainda mais surpreendentes. Foi o que aconteceu com o fotógrafo paulistano Fernando Gardinali. Na sua trajetória profissional, ele executou os mais diferentes trabalhos até tornar-se um qualificado fotógrafo de cinema. Quando iniciou seus primeiros trabalhos, Fernando fez plantão em frente a cartórios, oferecendo seus serviços como fotógrafo de casamento para os casais que iam formalizar sua união civil. Era só ver um homem e uma mulher com jeito de apaixonados chegando ao cartório que ele lhes dava um cartão com seu nome impresso e perguntava: "vão casar? Que tal fazer fotos do casamento?".

Mais tarde, Fernando trabalhou para jornais e revistas relevantes até começar a prestar serviços para produtoras de cinema. Mas o que faz um fotógrafo com as suas imagens estáticas no cinema? Primeiro, precisamos nos lembrar que do ponto de vista de um aparelho projetor de cinema, não há diferença alguma entre a cena de uma violenta batalha, com rasantes de aviões e tanques de guerra explodindo, e a lenta sequência, quase sonolenta, de um cisne branco nadando em um lago calmo sob o luar. Os dois cenários, embora percebidos pelos nossos olhos como completamente opostos em termos de movimento, giram na mesma velocidade para o projetor de cinema, e requerem a mesma tecnologia para serem exibidas.

Luz estática e em movimento

Isso acontece porque um filme, digital ou analógico, é formado por uma sucessão de imagens, ou frames, estáticas. Cada uma dessas imagens é COMO se fosse uma foto feita em um determinado instante; que é seguida por outra foto, feita décimos de segundos depois; e por outra e outra, assim por diante captando as diferenças sutis de movimento do cenário fotografado. Toda essa explicação é para indicar que, na medida em que esses frames vistos de maneira isolada são idênticos às fotografias comuns, eles demandam uma regulagem de iluminação, enquadramento e balanceamento de cores semelhante às providências de um profissional que faz fotos convencionais usadas em outras plataformas de comunicação. É dessa maneira que fotógrafos como Fernando Gardinali contribuem com o seu trabalho para o sucesso dos filmes.

O trabalho do fotógrafo começa antes mesmo da filmagem propriamente dita, na fase de pré-produção, quando ele se reúne com o diretor, diretor de arte e produtor, para definir a estética do filme, incluindo aí os cenários e locações. Cabe então a esse profissional decidir-se quanto aos equipamentos necessários, o tipo de película, definição da equipe e outras providências[30]. Também é sua função determinar os esquemas de iluminação das cenas, balanceamento de cores e a continuidade desses parâmetros nas diferentes sequências.

Mas há também outras funções para os fotógrafos na produção de filmes, que são similares ao trabalho que desenvolvem em outras

30 Informação disponível em: http://www.lightroom.com.br/2011/10/o-papel-do-fotograd o/. Acesso em 15 de maio de 2019.

mídias, como revistas, jornais e sites na internet. Eles fazem estudos de luz e enquadramento no levantamento prévio de cenários que poderão vir a ser utilizados nas filmagens; fazem fotos para divulgação dos filmes; fotografam os candidatos a atores dos filmes, preparando books que servirão para facilitar a escolha pelos produtores de elenco.

Fernando Gardinali chama atenção para a profunda transformação tecnológica pela qual passam o cinema e a fotografia. "Sou da geração do filme, da foto em papel, do negativo, do cromo – ou slide –, da necessidade de revelar o filme em um laboratório escuro. O mesmo aconteceu com o cinema, que também passou da película, do analógico, para o digital. "Digi.. o quê?", eu me lembro que a gente perguntava isso quando, na época eu trabalhava na revista *Veja* e nosso editor avisou que passaríamos a trabalhar com câmeras digitais", conta. Nem todos os fotógrafos se adaptaram, mesmo os que eram bem jovens. A mudança foi muito rápida, da noite para o dia, e obrigou os profissionais a transformar o 'olhar fotográfico' e a velocidade com que trabalhavam.

"Foi uma fase desafiante", revela Fernando. "Desde então, os avanços da tecnologia não param. Meu conselho para fotógrafos de revistas ou do cinema é que estejam sempre se atualizando e não resistam às transformações." Esse avanço tecnológico tornou o trabalho do fotógrafo muito mais barato, rápido e eficaz. O resultado imediato dessa facilidade foi que o número desses profissionais aumentou muito. Hoje a concorrência é maior, o que exige que esses profissionais invistam muito mais na sua formação para conseguir um lugar ao sol.

"Isso pode ser uma notícia ruim para quem está começando na profissão, mas ainda vejo muitas vantagens que essa era digital trouxe. O custo hoje é menor. Na época dos filmes analógicos, os gastos com equipamentos e processamento das imagens comia grande parte dos rendimentos", relembra Fernando Gardinali. A diminuição com os gastos profissionais necessários chegou para Fernando quando ele já era um profissional já bem estabelecido no mercado. Ele não lamenta, mas se isso acontecesse alguns anos antes, talvez a sua trajetória exigisse menos esforço.

Habilidades sem dinheiro

"Eu nasci em uma família pobre. Cresci em bairro da periferia de São Paulo, Ermelino Matarazzo, no extremo da Zona Leste da cidade. Meu pai era motorista de táxi e a minha mãe dona de casa", diz. Mas Fernando lembra isso não como lamento, mas para mostrar que mesmo em condições desafiadoras, como a falta de dinheiro, é possível encontrar meios para desenvolver habilidades. "Descobri depois que havia vários cursos e informações que poderiam ser conseguidas de graça. No Centro Cultural São Paulo, por exemplo, havia livros de arte e de fotografia. Em vários lugares, era possível assistir ao cinema sem ter de pagar. Isso ajudou muito a desenvolver o meu lado artístico, por ter tido oportunidade de entrar em contato com várias coisas as quais, se fosse depender da minha condição econômica, eu nunca teria acesso."

Fazer cursos têm grande importância para a formação de um fotógrafo. Seja no cinema ou na publicidade, qualquer tipo de trabalho com imagem exige ter informações sobre os mais diferentes temas. Então é preciso fazer cursos, formais ou não, sobre moda, maquiagem, boas maneiras, teatro, de fotografia de cinema, fotos de reportagem... "Cada vez mais você precisa ser completo para atender ao mercado. É preciso ir ao teatro, ir ao cinema, a um espetáculo de dança, fotografar manifestações de rua, passar pela Cracolândia. Não conheço nenhuma faculdade que ensine tudo isso. Como trabalhamos com as mais diversas informações e segmentos, temos de saber de tudo um pouco. A chave para isso é a curiosidade. Precisamos ser curiosos, o tempo todo."

"Se eu fosse resumir os passos para se ter uma carreira na fotografia que traga satisfação e realização, eu resumiria isso em quatro pontos. O primeiro, óbvio, você tem de entender o que você quer fazer. Fotógrafo de cinema? Fotografar casamentos, moda, publicidade? Em segundo lugar, é preciso dominar a parte técnica da fotografia. Lidar com o equipamento, saber iluminar uma cena. Depois, você precisa ter recursos para comprar as câmeras, luzes, rebatedores, tripés e outros equipamentos. O quarto passo é juntar-‑se a outros profissionais. Fazer fotos de festas e formaturas exige um assistente para empunhar uma segunda luz. Casamento? É necessário ter um cerimonialista, alguém que entenda como se dá a liturgia do matrimônio. É ainda parte integrante desse quarto passo ter o apoio de alguém da administração que negocie preços, faça um bom atendimento dos clientes, organize prazos. Porque, no final, ninguém faz sucesso sozinho."

Fernando Gardinali poderia, se desejasse, citar um quinto passo que se tornou praticamente inevitável para os profissionais de todas as áreas artísticas, sejam no palco ou dos bastidores. Esse passo é estar inserido no mundo digital. Se todos os segmentos da arte estão sempre em evolução, podemos dizer que as atividades artísticas que ocorrem no mundo digital são "a evolução" em si. O setor não para de se renovar, de ser sacudido por seguidas revoluções tecnológicas e de assistir, algumas vezes sem conseguir acompanhar na mesma velocidade, às mudanças nas preferências do público consumidor. As implicações que isso tem para os artistas de áreas já há muito tempo estabelecidas e para aqueles que estão no olho do furacão digital é tema do próximo capítulo.

ADMIRÁVEL NOVO MUNDO DIGITAL

Em 20 de abril de 2010, o carioca Felipe Neto postou em seu canal no Youtube um vídeo com o título "Não Faz Sentido! – Idiotices. Não veja isso!"[31]. Durante 4min52s, Felipe Neto, à época com 22 anos de idade, grita, canta, faz caretas, mostra uma imagem de Nossa Senhora Aparecida, pergunta aos possíveis espectadores se eles o acham "muito idiota", reclama da própria barba rala ("eu tenho barba de criança de 13 anos", ele diz) e se machuca ao abrir um guarda-chuva.

O cenário é praticamente inexistente. Nele está uma parede bege clara, do que parece ser o próprio quarto de Felipe Neto; às suas costas, um velho televisor reflete, em sua tela, a imagem da câmera que grava o vlog (vídeo exibido diretamente em uma página da web, sem que seja necessário fazer o download do arquivo). Não há mais ninguém no cômodo. A última peça da cena é uma cadeira de escritório, na qual Felipe permanece sentado, até o minuto 3:07, quando, ao tentar fazer um malabarismo, cai com estardalhaço no chão.

Passados oito anos, Felipe Neto fez o upload de um outro vídeo, em 24 maio de 2018, no seu canal[32]. O tema desta vez: *Tente não rir*. Uma brincadeira na qual a proposta era a de que nem o apresentador, nem o público rissem de vídeos extraídos da internet. São as "pegadinhas", filmagens que pregam peças nas pessoas ou as mostram em situações embaraçosas... algo na linha das populares "videocassetadas" exibidas há vários anos no programa *Domingão do Faustão*, na TV Globo.

4 milhões de visualizações por dia

Nesses oito anos, a página manteve inalterada a sua marca: exibe um humor adolescente agitado e debochado. Mas entre os dois vlogs há

31 Disponível em: https://www.youtube.com/watch?v=BLQsHdrIWeM. Acesso em 15 de maio de 2019.

32 Disponível em: https://www.youtube.com/watch?v=VIEElCS14sw. Acesso em 15 de maio de 2019.

uma profunda diferença de qualidade e grandezas. Em menos de dez horas, o *Tente não rir* daquele 24 de maio alcançou 860 mil visualizações. Ao contrário de 2010, Felipe Neto não está mais sozinho diante da câmera. Agora há diretores, roteiristas, maquiadores, produtores de elenco e de cinema, coordenadores de produção, diretores de fotografia, operadores de câmera, editores, finalizadores, especialistas em colorização, edição de arte, efeitos visuais, computação gráfica, edição de áudio e até mesmo um operador de drone. Toda essa equipe garante que o canal produza pelo menos um vídeo diário, que pode variar de 4 a 20 minutos de duração, e alcança, em média, de 3 a 4 milhões de visualizações.

Há mais profissionais envolvidos: administradores responsáveis por interagir com os 21 milhões de inscritos (até maio de 2018); e os encarregados na "monetização" do negócio, ou seja, em captar anunciantes e licenciar produtos com a marca Felipe Neto, como é o caso do Spray Felipe Neto para colorir cabelos, que o youtuber costuma divulgar em seus vídeos.

É verdade que Felipe Neto é um influencer que ocupa um lugar especial no mundo digital. Seu canal – também presente no Facebook, Twitter e Instagram – foi a primeira página de língua portuguesa a atingir um milhão de inscritos no Youtube, marca conquistada em 2012[33]. Na esteira do seu sucesso, Felipe Neto participou de filmes e escreveu livros. Fundou uma empresa que gerenciava, à época, cerca de 5 mil canais na rede, ganhou dinheiro e em 2017 comprou uma mansão de R$ 6,5 milhões na Barra da Tijuca, no Rio de Janeiro.

Embora esteja num patamar atingido por poucos profissionais do mundo digital (é considerado um dos maiores vloggers do planeta), Felipe Neto está neste capítulo por ser uma mostra exemplar de como se deu a evolução de um segmento recente na indústria de comunicação. O universo digital é uma importantíssima fonte de

33 Informação obtida em: http://www.techtudo.com.br/noticias/noticia/2012/08/nao-faz-sentido-e-o-primeiro-canal-br-ter-1-milhao-de-inscritos-no-youtube.html. Acesso em 15 de maio de 2019.

trabalhos e oportunidades para vários profissionais que atuam em seus bastidores, dando suporte a youtubers, blogueiros, digital influencers, agências de modelos (por meio de seus portais e ferramentas tecnológicas) e outros players que trabalham no relacionamento direto com seus públicos.

Profissionais liberais se digitalizam

Vídeos que têm como meta entreter o público são, no entanto, apenas uma das possibilidades que o mundo digital oferece como oportunidade de trabalho. Um segmento que vem crescendo a passos largos é o dos canais voltados para divulgar na mídia social os produtos e serviços fornecidos por empresas, profissionais liberais e autônomos.

Tomemos como exemplo disso um médico endocrinologista que decidisse ter um canal em que postaria vídeos tratando de assuntos da sua especialidade. Esse profissional poderia postar vídeos semanais, a cada três dias ou diários comentando, e falando diretamente para a câmera, sobre assuntos relacionados à sua profissão. Os temas não precisariam, nem mesmo, estarem ligados diretamente à endocrinologia e a procedimentos como a cirurgia bariátrica, algo que é inclusive vedado aos profissionais da área da saúde, mas tratar de questões como a importância da autoestima e de uma mudança na relação com a comida; a relação entre forma física, beleza e saúde; o exagero em relação à preocupação com o peso ideal.

Na medida em que esse profissional tenha sucesso na escolha de assuntos que interessem às pessoas; que os vídeos sejam de boa qualidade; o cenário bem escolhido e ele seja um bom comunicador, esse canal na mídia digital poderia ter cada vez mais inscritos e impactar positivamente a procura pelos serviços oferecidos pelo endocrinologista.

DICA DO MARCELO

Há uma armadilha que está sempre colocada diante dos influenciadores digitais, com a qual eles devem tomar extremo cuidado. Estou me referindo ao equívoco de se posicionar de maneira radical diante de assuntos polêmicos, como política, religião, raça, orientação sexual ou até mesmo futebol. Estamos sempre ouvindo falar de um influenciador que perde o patrocínio de alguma marca em virtude de algum comentário que fez e foi considerado ofensivo por alguém ou um grupo. Ninguém precisa se omitir diante de nada, mas quando (e se isso for absolutamente necessário) for dar sua opinião sobre um assunto delicado, deve observar se os seus seguidores estão divididos sobre o tema. Se estiverem, a decisão de se posicionar implica em aceitar que poderá perder parte desses followers.

Mas esses bons resultados de comunicação só serão atingidos caso o profissional que estamos usando como exemplo receba a ajuda de pessoas especializadas na área digital. Ele será a estrela principal da página ou do canal na internet, mas sempre vai precisar de quem o auxilie com o roteiro do que irá dizer, terá de contar com um bom operador de câmera, de alguém que conceba e ilumine o cenário e de outros que façam a edição final e providenciem para que a sua mensagem tenha a maior visibilidade possível na internet. Ou seja, uma solução profissional, com especialistas em comunicação digital.

Soluções caseiras já não entusiasmam

Essa profissionalização é necessária na medida em que o público na internet e redes sociais está cada vez mais exigente. Vídeos gravados num quarto mal iluminado, com o youtuber falando de improviso o que lhe vem à cabeça, já não entusiasmam ninguém. Basta dar uma busca no Youtube, procurar pelas postagens mais antigas e compará-

-las com as mais recentes para confirmar como foi grande o avanço nos critérios do que é um vídeo de qualidade.

Para cativar o público é preciso um conteúdo relevante e um vídeo bem produzido e bem divulgado, o que só é possível via um bom trabalho de roteirização, gravação e marketing digital. E isso só será atingido com o apoio de bons profissionais nos bastidores. Em resumo, o mundo digital vem crescendo em importância e pelos próximos anos oferecerá oportunidades de trabalho que deverão ser mais numerosas do que as existentes nos setores de comunicação e entretenimento mais tradicionais.

Um desses profissionais capazes de fazer alguém com uma câmera à frente e com um desejo de divulgar sua especialidade nas mídias sociais tornar-se poderoso influenciador digital – ou digital influencer – é Marcelo Proença, um dos proprietários do Hello Group. A empresa, que surgiu como produtora de campanhas para a TV, se dedica a orientar influenciadores digitais para que eles possam explorar ao máximo da sua capacidade de produzir bons e relevantes conteúdos em suas mídias.

"O foco do nosso trabalho com influenciadores digitais é voltado para a otimização da imagem deles. Seja em vídeo ou em foto, é a imagem que eles utilizam para comunicar de maneira mais vibrante. E quando digo imagem, não me refiro à imagem física deles, mas às mensagens que produzem e às formas como as transmitem para se comunicar com os seguidores", explica Marcelo Proença. "É um trabalho de mentoria, de coaching; o que fazemos é ajudar esses comunicadores a aperfeiçoar cada vez mais suas habilidades e a sua imagem."

O conhecimento adquirido por Marcelo ao lidar nos bastidores com esses influencers lhe permitiu compreender o que deve constar dessa "imagem" que eles irão apresentar ao seu público, nas mídias sociais. "Essa imagem tem duas partes distintas: a primeira diz respeito ao conteúdo que esse digital influencer irá apresentar, e nela estão incluídas a qualidade das fotos e dos vídeos exibidos, a qualidade do que ele conta no blog, no site ou no Instagram e como ele narra todo esse conteúdo. E a outra parte, que considero mais fascinante, é a imagem que o público tem desse influenciador: eles acreditam no que ele posta ou diz? Gostam do que ele fala? Respeitam a carreira desse influenciador?"

Os digital influencers são, no modo como as coisas vêm funcionando nestes últimos anos, os profissionais que mais perspectivas de ganhos financeiros têm na rede. E é prudente ressaltar que isso acontece "no modo como as coisas funcionam ultimamente", segundo Proença, porque a internet é o ramo das profissões artísticas que parece mudar na mesma velocidade com que as nuvens passam pelo céu. Talvez quando você, leitor, estiver lendo esse livro, possa já ter aparecido algum outro tipo de profissional, ou rede social sobre a qual ninguém sonhava enquanto escrevíamos estas páginas.

Essa grande velocidade é um dos desafios que Marcelo Proença enfrenta na sua condição de mentor dos digital influencers. Isso porque é parte da sua função planejar como esses influenciadores deverão conduzir suas carreiras nos próximos cinco ou 10 anos, sobre o que deverão falar, se em algum momento será recomendável mudar de nicho, ou seja, se alcançaram o sucesso falando de moda, talvez mais tarde, quando estiverem mais maduros, deverão falar de culinária, ou viagens.

Mentor comercial

A sua ação como mentor também se estende para a área comercial. De modo geral, os digital influencers trabalham como se fossem garotos-propaganda com um grau maior de sofisticação e profundidade do que simplesmente anunciar um produto. Eles falam das características do que vão recomendar a seus seguidores, em geral de uma experiência pessoal que tiveram com o produto ou serviço e colocam todo o seu carisma, respeito e credibilidade que têm junto ao seu público como aval de que suas recomendações são verdadeiras e benéficas.

DICA DO MARCELO

Ninguém consegue ensinar o que uma pessoa deve fazer para se tornar influenciador digital de sucesso, com milhões de seguidores. Não há fórmula para isso. O que garante que um influenciador irá cativar as pessoas é se ele disser coisas verdadeiras, com honestidade. Qualquer pessoa que tente escrever textos ou falar em vídeos sobre algum assunto no qual não acredite, apenas para ter a atenção do público, irá se dar mal. Tem de existir verdade no que se diz. Se for uma mídia inventada, sem sinceridade, as pessoas vão perceber rapidamente e não se interessarão mais em seguir esse pretenso influenciador.

Por serem bons vendedores para um público que pode chegar a milhões de seguidores do seu site, Facebook, Instagram, Youtube ou outras mídias, esses influenciadores digitais são requisitados por marcas que querem vender para aquele público. Marcelo Proença gerencia, portanto, também essa agenda comercial, contrata as fotos ou garante a presença do influenciador em eventos e outras providências necessárias para viabilizar os negócios.

Uma das maneiras eficientes de um digital influencer cativar o seu público é através do humor, como faz o *Desimpedidos* e muitos outros canais, no Youtube. Seu criador, André Barros, formou-se em administração por uma faculdade do estado do Missouri, nos Estados Unidos, e com mestrado em gestão esportiva pela Fundação Getúlio Vargas e Certificação em Business of Media and Entertainment pela Harvard Business School, André Barros, pode-se dizer, entrou no mundo digital pela porta dos fundos. Não por uma porta física, mas na esteira do sucesso do canal de mídia digital *Porta dos Fundos*[34], que posta vídeos de conteúdo humorístico e satírico com periodicidade

34 Disponível em: https://www.youtube.com/portadosfundos. Acesso em 15 de maio de 2019.

e frequência na internet, tendo alcançado 14 milhões de inscritos no primeiro semestre de 2019.

Curiosamente, André nunca pensou em ter um canal humorístico. Seu negócio sempre foi esportes, em especial futebol. Por 10 anos, ele trabalhou nessa área em empresas, até o momento em que decidiu se arriscar num projeto de crowdfunding, modalidade que já mencionei anteriormente, que constitui um tipo de levantamento de recursos no qual pessoas físicas que se identifiquem com um projeto contribuem com valores modestos e, quando o número de contribuintes é substancial, o seu proponente consegue os recursos necessários para viabilizá-lo. Além da campanha de crowdfunding, "eu enfiei na minha cabeça que deveria levar esse projeto para o apresentador Luciano Huck", conta André. "Em 2012, consegui conversar com a sua empresa, a Joá Investimentos. Agendei um encontro com a sua equipe que, educadamente, me informou que estava começando um novo negócio, que era exatamente o canal *Porta dos Fundos*, e, portanto, não iriam apostar na minha proposta."

Mas, pouco tempo depois, houve uma reviravolta. Representantes da Joá Investimentos procuraram André Barros e lhe propuseram a criação de um canal voltado para esportes. O modelo parecido com a fórmula do *Porta dos Fundos*, com uma produção e postagem regular de vídeos sobre esportes. O que os fez mudar de ideia e decidir financiar a iniciativa foi o seu conhecimento e a sua experiência em futebol. André mergulhou de cabeça no projeto e, em 2013, lançou o canal *Desimpedidos*, no Youtube e presente hoje também no Facebook, Instagram, Twitter e Snapchat.

DICA DO MARCELO

Um digital influenciar não vai fazer a sua primeira postagem já com milhões de seguidores acompanhando sua mídia. É um caminho longo a ser percorrido que exigirá consistência e persistência, que podemos também chamar de disciplina de veiculação. Na proporção em que ele disponibiliza o seu conteúdo, o público irá se engajando até passar a acompanhar suas postagens. E aí se seguirá um jogo de erros e acertos, já que na medida em que ele começar a se aventurar no tipo de conteúdo que escolheu, ele irá ser criticado, às vezes até de maneira rude, mas também incentivado. A persistência será, mais do que nunca, necessária para que ele consiga corrigir o rumo no meio da sua caminhada. Muitos daqueles que hoje estão no topo da lista dos digital influencers foram se reestruturando até chegar ao ponto certo para eles e seus seguidores.

O *Desimpedidos* fez um gol de placa. "É o maior canal de futebol do mundo no Youtube e gera em torno de 400 milhões de minutos assistidos todo mês", comemora André Barros. Os bons resultados do canal, no entanto, não foram atingidos sem que alguns enganos e escolhas incorretas surgissem no caminho. "Aprendemos com nossos erros e desse aprendizado surgiram outros negócios", conta. André esteve à frente, também, do canal *Acelerados*, que contou com a parceria do corredor Rubens Barrichello, e tornou-se o primeiro canal do mundo a ser exibido na íntegra por um canal aberto de televisão, no caso o SBT. Outra iniciativa, o *Fatality*, foi um dos pioneiros a tratar os games competitivos, os gameplays, de maneira profissional.

André Barros se considera um pioneiro do mercado digital de entretenimento. "Somos desbravadores porque, nos anos 2013 e 2014, quando íamos até uma agência de publicidade, tínhamos de explicar para os possíveis clientes o que era o Youtube", relembra. Hoje, há quem diga que o Youtube irá tirar todos os espectadores da televisão, algo que André considera pouco provável. "As pessoas não vão deixar de assistir à tevê, por causa da internet. Cada mídia irá ocupar e manter um espaço específico", acredita. Melhor para os profissionais da área, que terão ainda mais oportunidades.

Bicho estranho

Com toda essa bagagem, André Barros sabe bem com quantos profissionais de bastidores se faz um canal de sucesso no mercado digital. "Um canal de mídia digital não é agência de publicidade, mas cria conteúdo. Não é produtora, mas produz. Não é veículo, mas veicula nossa produção. Somos um bicho estranho, que é formado por cada um desses ambientes", define. "Por isso trabalha conosco um time criativo, pessoas que ajudam a entender os pedidos das agências e dos clientes e os transformar, por exemplo, em um roteiro."

Além dos criativos, também integram a equipe desses influencers profissionais que têm uma abordagem mais operacional. É o caso dos times de produção e pós-produção que ajudam a desenvolver, a colocar em prática, todas essas ideias criativas e a montar a grade de programas daquela plataforma. "Como estamos na mídia social, temos de mensurar o número de pessoas que veem nossos vídeos, que se inscrevem nos canais, que reagem com likes ou compartilham o que produzimos", explica André Barros. Isso é feito por pessoas que se ocupam da análise de dados e ajudam a trazer as informações de performance de tudo que colocamos na rede. "No total, temos quase 80 pessoas envolvidas nos três canais – *Desimpedidos*, *Acelerados* e *Fatality* –, e que colocam no ar mais de 150 vídeos por mês."

Para aqueles que pretendem se aventurar nos bastidores do mercado do mundo digital, André recomenda cautela. "É um mercado novo. Isso quer dizer, entre os que estão pretendendo entrar nesse negócio, os que terão melhores chances serão aqueles que estudarem e acumularem o maior número de referências possível. Quando digo ter referências, é estudar o que está acontecendo no mercado, ver o que as empresas que fazem sucesso, ou cometem erros, estão fazendo."

DICA DO MARCELO

Os grandes influencers costumam ter grandes equipes trabalhando junto deles com equipamentos caros. Isso é necessário? É claro que essas equipes e seus equipamentos fazem uma enorme diferença, mas elas em si não garantem o sucesso de ninguém. Você pode gastar milhões em equipamentos e pessoal, mas isso não irá garantir nem um único seguidor. Muitos desses influenciadores começaram a sua carreira, e chamaram a atenção do público, contando apenas com a câmera do computador como equipamento. O segredo continua sendo falar sobre o que você gosta, abusar da criatividade, organizar suas ideias no papel e, claro, atualizar o canal na maior frequência possível. Confie na sua personalidade, mas também não deixe de ficar de olho no que os outros fazem nas redes sociais e no Youtube e Instagram.

Página perdida

Uma página do Facebook desativada trouxe Guilherme Melles para o mundo digital. Formado em Comunicação Social, Guilherme sempre havia trabalhado em produtoras de filmes. Foi um desses trabalhos que o levou à Spray Filmes, empresa que, em 2011, lançou o filme *Quebrando o Tabu*, dirigido por Fernando Grostein Andrade. O filme colocou em discussão o tema do combate às drogas e trouxe depoimentos de personalidades, como os ex-presidentes Fernando Henrique Cardoso e os americanos Bill Clinton e Jimmy Carter. Esses antigos governantes e outras personalidades que foram ouvidas têm visões críticas sobre a maneira com que o consumo de drogas vem sendo enfrentado no mundo.

Guilherme não trabalhou diretamente no filme, mas em algum momento descobriu a página criada no Facebook para incentivar as pessoas a assistirem ao documentário *Quebrando o Tabu* e que, àquela altura, já não recebia mais atualizações de conteúdo. "Alguém da produtora sugeriu que a página fosse reativada e eu acabei recebendo essa missão. Comecei a fazer aquilo por hobby, não era parte do meu trabalho. Mas gostava daquilo e recomecei a colocar informações na página. Com isso, o número de pessoas que a acessavam começou a crescer", relembra.

No início, a página "perdida" no Face estava voltada para a discussão sobre a questão das drogas, que era, afinal, o assunto do documentário. Mas logo o assunto se esgotou. Não havia mais discussão e troca de ideias novas que movimentassem a página. Guilherme decidiu, então, acrescentar novos temas. Conforme explica, eram assuntos que interessavam e mobilizavam sobretudo a chamada geração do milênio, aquelas pessoas nascidas entre 1980 e 1995, grupo ao qual o próprio Guilherme pertencia. São assuntos como direitos individuais, direitos das mulheres, questões ligadas ao tratamento desigual às pessoas por causa da sua orientação sexual ou raça, desafios ambientais e desigualdade de renda, entre outros.

A página ganhou audiência. Chegou a dois milhões de seguidores. Para dedicar-se em tempo integral ao projeto, Guilherme organizou um crowdfunding que lhe possibilitasse uma renda suficiente para trocar o emprego garantido da Spray filmes pelo de administrador da página no Facebook. "Consegui o suficiente para, durante um ano, em 2016, trabalhar exclusivamente no canal com uma renda igual à que eu recebia na produtora", conta ele. "Depositei os recursos em uma conta e a cada mês fazia uma retirada."

No ano seguinte, 2017, o número de seguidores triplicou, passando para 6 milhões (em maio de 2019, eles eram 10 milhões). Uma fundação norte-americana voltada para a defesa dos Direitos Humanos, a Open Society Foundations, interessou-se pelo *Quebrando o Tabu* e passou a apoiar a iniciativa. Os temas tratados foram sendo ampliados, sempre com foco na questão dos direitos das pessoas. "O *Quebrando o Tabu* estava na hora e no lugar certos, pois estávamos falando de um assunto que vinha chamando a atenção do mundo", diz. "Não seria correto dizermos que aderimos a esse tema por sabermos que ele estaria na ordem do dia. Surfamos nessa onda, meio sem termos planejado, mas continuamos em cima dela".

Muito além das fundações

No final de 2016, quando o interesse por essa mídia já estava crescendo, Diego, o diretor de vídeo viria integrar a página. Guilherme Melles conta: "Com a chegada dele, aumentou muito a nossa produção de vídeos. Começamos, então, a nos estruturar como empresa, abrindo um CNPJ e tomando outras necessárias providências legais. Hoje temos três profissionais na equipe, eu e mais dois. Mas a expectativa é aumentarmos para cinco pessoas. A Ideia é termos um negócio autossustentável, que não dependa apenas da entrada de dinheiro de fundações."

A sustentabilidade de um negócio como esse, que trata de temas que muitas vezes são polêmicos, exige um tratamento especial na relação com o mercado. Guilherme deseja, claro, atrair empresas para colaborarem com essa iniciativa e acredita que é possível fazer negócios com elas. "Sei que alguns desses assuntos são difíceis para alguns empresários, nem sempre é fácil associarem essas discussões às suas marcas. Assim, vamos contratar uma pessoa que se encarregará de procurar contatos e fechar negócios com a iniciativa privada."

Quem se interessar em entrar para esse universo digital precisa ter duas características que, a rigor, são as mesmas para se dar bem em qualquer profissão, afirma o criador dessa página. "É preciso gostar do que faz e desenvolver algumas habilidades fundamentais. Para a área digital, facilidade para comunicação, como escrever, editar ou se expressar é uma exigência básica. Mas há uma habilidade que é de grande importância quando se lida com mídias digitais: é preciso saber como as suas ferramentas funcionam. O Youtube, o Facebook e outras plataformas têm regras e restrições que podem fazer um domínio ter sucesso ou ficar perdido no oceano de páginas e posts com uma visibilidade próxima do zero", alerta ele.

DICA DO MARCELO

Dia desses, um amigo meu de Londrina, onde eu moro, me contou sobre um youtuber que todas as manhãs, bem cedo, faz um live dizendo para a sua audiência: "Vamos lá, galera! Seis da manhã! Para fazermos nossos projetos e sonhos acontecerem precisamos começar muito cedo trabalhando neles todos os dias!" Depois de terminar a live, esse comunicador voltava para a cama e ia dormir, contou o meu amigo. É claro, esse dorminhoco perdeu toda a credibilidade junto a mim. A moral da história é que temos de ser congruentes, se queremos ter seguidores que nos respeitem e admirem. Não adianta eu dizer uma coisa e fazer outra. Mais cedo ou mais tarde todos vão descobrir a farsa. Temos de ser éticos, nosso discurso precisa estar alinhado com a nossa prática. Não podemos falar dos direitos femininos, por exemplo, e tratarmos nossas esposas, namoradas e mães de qualquer jeito. As pessoas hoje querem verdade.

"Essas plataformas estão sempre mudando seu funcionamento e inovando. Já houve um tempo em que eram os textos postados que atraíam likes e visualizações. Agora é a hora do vídeo. Então é preciso saber o que postar, como editar um vídeo, como usar palavras-chave que aumentarão a chance de uma boa colocação no ranking das páginas. Enfim, ninguém pode ficar parado nesse mercado. É preciso estar sempre acompanhando o que surge de novo", completa Guilherme.

O publicitário e consultor na área de marketing digital, Robson Felipe Ramos, concorda com Guilherme Melles quando este diz que para se ter sucesso nessa área, é preciso conhecer bem as ferramentas digitais. Mas faz a ressalva de que é preciso não cair na tentação de exagerar a relevância desse conhecimento técnico. "O marketing digital é, na sua essência, o mesmo marketing que era feito há 20, 30 anos, ou seja, a estratégia de entregar um determinado produto com o melhor preço e no momento em que o cliente estiver mais receptivo para a compra", diz Robson Ramos. "Para fazer isso, é preciso pensar nas pessoas e nos seus desejos, e não atender apenas às necessidades da empresa."

Medindo passos

Mas se a alma do antigo marketing é a mesma que hoje sustenta a sua versão digital, a internet proporcionou braços, olhos e ouvidos muito mais eficientes para desenvolver essa atividade. "Tudo ficou muito maior no universo digital", diz Robson. "No marketing digital você consegue medir todos os passos, toda a jornada do cliente final: o momento em que ele entra no site; o que ele faz; por onde navega; quantos minutos ele fica por ali; e no final, se ele foi ou não convencido a se tornar um cliente, finalizando a compra do produto ou serviço ofertado."

No marketing, digamos, analógico, havia também algum controle do comportamento dos consumidores, mas era muito mais limitado e exigia análises, gráficos e cruzamento de informações. "O grande feito do marketing digital é que todo o trabalho braçal é feito pelos softwares", explica Robson. "O que é exigido desses novos profissionais é que eles se tornem estrategistas, capazes de tomar decisões de longo prazo e com mais inteligência requerida."

Outra habilidade necessária é a de ser um heavy user da internet. "A pessoa tem de estar o tempo todo na internet, observar os youtubers, digital influencers de uma maneira metódica, estudar esse meio, ler muito a respeito", afirma Cris Catupiry, consultor de Marketing de Influência. Profissional bastante conhecido no universo das mídias sociais – há quem o chame de "muso da internet", pelos seus conhecimentos –, Cris afirma seguir mais de 80 youtubers, além de não se afastar nem por um minuto do Instagram e Twitter.

"Uma vez por semana, eu paro tudo e assisto a todos os vídeos dessa galera", afirma. "Vejo toda essa produção para monitorar o que está sendo oferecido por essa galera, coloco em uma planilha quais foram as publicidades fechadas por eles; que tipo de youtuber as marcas estão procurando... é um estudo de mercado que me ajuda bastante e, na verdade, sou contratado por uma agência para executar esse tipo de monitoramento. Dessa maneira, tenho uma visão muito ampla e precisa do que está sendo feito no mercado brasileiro de marketing digital."

Mesmo sendo uma referência nesse universo, Cris Catupiry guarda um arrependimento, o de não ter uma formação em publicidade. "Atualmente já conheço o suficiente do mercado para que esses conhecimentos não me façam tanta falta assim, mas já vivi momentos em que perdi oportunidades de trabalho por não ter um curso superior em publicidade", conta ele. "Mas, independentemente dessa exigência burocrática, aconselho àqueles que pretendem trabalhar na área que estudem publicidade, pois esses conceitos são de grande utilidade no trabalho profissional junto aos youtubers, blogueiros, influencers e todas as manifestações digitais."

O marketing digital, as mídias sociais e todas as outras transformações trazidas pela internet são realidades que não têm mais volta. Vieram para ficar. "Não é mais possível ignorar a necessidade de estar sempre informado sobre o universo digital", garante Robson Ramos. "Os que estão distantes desse mundo devem fazer cursos e procurar todas as formas para se inteirar dele; os que já o conhecem serão sempre obrigados a estar constantemente se renovando e inteirados do que há de novo", afirma. "Metade das profissões dos próximos anos ainda não existe, mas não há dúvidas de que elas surgirão completamente envolvidas com a internet", finaliza Robson.

Neste universo mutante das mídias sociais, como também naqueles outros nos quais os movimentos se verificam de maneira menos tempestuosa, a exemplo da dança, da moda ou da música, há uma mesma necessidade que deve ser atendida pelos seus frequentadores. Trata-se do imperativo de procurar formar uma sólida rede de contatos, a network. Ninguém pode ficar parado, como diz Guilherme Melles. E para caminhar com segurança e velocidade, sempre precisaremos de bons contatos, mentores, pessoas que andem juntas e nos apoiem no nosso caminho profissional. O próximo capítulo, que também será a conclusão deste livro, traz sugestões de como tornar real essa ação essencial, que é o networking.

CONCLUSÃO

A chave para entrar no mercado artístico

Ao longo deste livro, quando integrantes das profissões artísticas apontavam quais eram os melhores caminhos para chegar a uma oportunidade de trabalho, costumavam repetir: "é importante contar com a indicação de alguém da área", ou "sem conhecer uma pessoa que já está na empresa, é difícil conseguir uma oportunidade de trabalho". Isso pode parecer pouco animador, não é mesmo? Afinal, quantas pessoas que estão chegando agora ao mercado artístico conhecem alguém que já atue na área para dar aquele empurrãozinho amigo? Com certeza não são muitas.

Mas neste capítulo, vamos conhecer uma maneira de abrir a porta que dá acesso aos profissionais e empresas envolvidos com as profissões artísticas. Uma das mais importantes se chama network, ou seja, a rede de contatos que é possível formar junto com aqueles que já trabalham nos bastidores artísticos. Também faz parte de uma network de qualidade saber como se apresentar para o mercado, por exemplo mantendo um bom currículo em locais da internet em que há visibilidade profissional.

Quem é capaz de construir uma network competente terá boa chance de mostrar suas qualidades para aqueles que já estão estabelecidos em sua área de interesse; estará informado sobre as novidades na profissão que quer seguir; entenderá quais são as exigências do mercado e saberá quais são as maneiras mais eficientes de se adequar a essas necessidades e ter o seu nome lembrado quando surgirem vagas e oportunidades de trabalho.

Honestidade é um trunfo

Uma network, no entanto, não é apenas uma agenda na qual se anotam nomes, e-mails e números de celulares. Ela também é montada a partir de atitudes, iniciativas e comportamentos que o candidato a uma oportunidade artística deve tomar. Talvez a mais básica e preciosa delas seja a determinação de ser sempre verdadeiro e honesto no momento em que fizer seus primeiros contatos visando a um possível futuro trabalho.

"Se alguém está numa entrevista para uma determinada função e não conhece nada do trabalho que está sendo oferecido, deve deixar isso bem claro, pois se faltar com a verdade, em pouco tempo a farsa vai ser descoberta, com consequências bem desfavoráveis para esse candidato", ensina Cíntia Calizotti, diretora artística do Grupo MGT. Habituada a entrevistar e a conversar com inúmeros candidatos a trabalhos, tanto no MGT, quanto na área artística em outras empresas, Cíntia é quem traz muitas das sugestões que constam deste capítulo, tanto para montar uma network eficiente, como dicas sobre como um candidato deve apresentar suas qualificações e se comportar na entrevista com um possível empregador.

De acordo com a diretora artística, admitir que não conhece as funções de um novo trabalho não é um fato desfavorável ao candidato, quando ele deixa claro que está disposto a aprender o que for necessário e a atuar da melhor forma possível. "A honestidade e o interesse contam muitos pontos na hora da entrevista", diz.

Mas há um momento anterior no qual falar a verdade também é fundamental. Trata-se de quando o candidato organiza o seu curriculum vitae. "Para construir um currículo assertivo o primeiro ponto é não mentir, não colocar características e qualificações que não são suas, pois o candidato pode ser desmascarado durante a entrevista", adverte Cíntia Calizotti.

Soft skills

Quando um possível empregador examina os dados de um candidato, naturalmente sua atenção estará nas qualidades profissionais formais, como cursos frequentados, escolarização, experiências e resultados alcançados em outras empresas, caso já seja alguém atuante no meio. No entanto, há outras habilidades que são também importantes e podem fazer grande diferença no momento em que se vai decidir qual será a pessoa a quem se oferecerá a vaga de trabalho. Estamos falando de características de personalidade, traços pessoais como a capacidade de foco, facilidade em se relacionar com os outros, espírito de equipe, ter iniciativa, capacidade de priorização, boa gestão do tempo, saber lidar com pressão, comprometimento com o negócio (postura empreendedora), curiosidade e autodesenvolvimento etc.

Estas são qualidades que, no linguajar dos Recursos Humanos são chamadas de *soft skills*, termo em inglês que poderíamos traduzir, com alguma liberdade, como "habilidades sutis". Elas se contrapõem às hard skills, as características mais concretas, como possuir conhecimentos técnicos teóricos e práticos em sua área de atuação, saber operar máquinas, equipamentos e softwares, conhecer uma língua estrangeira, ter algum certificado.

"Mas, atenção!", avisa Cíntia. "Descreva essas *soft skills*, mas não seja muito vago ao colocá-las no seu currículo. Evite dizer coisas como: 'tenho capacidade de concentração, facilidade em me relacionar com os outros, tenho iniciativa'". Essas afirmações transformaram-se em clichês. Muita gente passou a colocá-las nas descrições que fazem de si mesmas, e por serem muito repetidas, elas perderam a sua força e já não convencem ninguém. "O ideal é que o candidato seja mais específico e dê exemplos reais dessas características sutis", ensina ela.

Por exemplo, se alguém se descrever como uma pessoa flexível, deve contar uma situação real em que, de fato, agiu com flexibilidade. Podemos imaginar essa pessoa descrevendo como foi capaz de se adaptar à nova realidade quando foi preciso passar a trabalhar em escala mais puxada que a anterior; ou um outro exemplo, como o pedido urgente de algum cliente dobrou o trabalho a ser feito e a pessoa foi capaz de atender à demanda sem atrasos.

Outra mostra disso: no lugar de dizer "sei trabalhar em equipe", uma frase que está em dez entre dez currículos, é mais convincente que o candidato conte uma situação profissional em que de fato ele fez parte de um time que não só resolveu situações desafiadoras como também atingiu bons resultados para a empresa. Caso ele não tenha ainda uma experiência no mercado de trabalho, pode relembrar atividades que desenvolveu em sua escola ou faculdade, por exemplo a sua participação no grêmio estudantil, atlética ou centro acadêmico; ou uma experiência como voluntário; atuação na igreja ou alguma outra atividade coletiva relevante. Em todas essas situações, houve um trabalho em equipe.

Essa dica tem valor também para a parte mais formal das informações sobre o candidato. Se ele, ou ela, não teve oportunidade de frequentar faculdades ou seguir cursos regulares voltados para a atividade que está pleiteando seguir, deve registrar em seu currículo outras iniciativas não formais que possam ter contribuído para aproximá-lo da área desejada. "Sabemos que, em muitos casos, as pessoas, sobretudo as que estão começando suas carreiras, têm dificuldades financeiras e não conseguem frequentar uma faculdade ou uma especialização", diz Cíntia.

"Mas também há muitos cursos, palestras e workshops gratuitos, até mesmo na internet, que permitem conhecer uma área artística, como figurinista de cinema ou teatro, por exemplo. É claro que uma faculdade tem valor para um profissional, mas se ele houver procurado alternativas de formação, isso mostra o seu interesse em entender bem a área e se aperfeiçoar, e nós damos muito valor a iniciativas como essas", garante a diretora artística da MGT.

Não encher linguiça

Por mais que o candidato considere que suas experiências são relevantes e, por esse motivo, mereçam serem contadas detalhadamente, é preciso não esquecer uma regra de ouro: em currículos não se enche linguiça. Enviar um curriculum vitae solicitando um trabalho vai resultar, no máximo, quando a iniciativa for bem-sucedida, em uma chance de ser convidado para entrevista que, esta sim, poderá se transformar em convite para emprego. Ninguém contrata alguém tendo como base apenas o que está escrito no currículo. Portanto, não é necessário falar de si mesmo por páginas e mais páginas.

Um bom currículo deve apresentar o conteúdo de maneira objetiva. Além disso, deverá estar escrito sem erros de português e de maneira clara e compreensível. "A primeira imagem é a que fica", diz Cíntia. "A aparência do currículo deve ser a melhor possível." Cíntia Calizotti cita um exemplo de como o aspecto pode ter um impacto positivo: "Certa vez recebi o currículo de um designer gráfico, que pretendia trabalhar com a criação de peças de comunicação. Ele enviou um currículo criativo, organizado, bem diferente das apresentações comuns e, claro, isso causou excelente impressão, pois já no primeiro contato ele mostrava o seu espírito inovador."

Mas mesmo currículos criativos não são garantia de que o candidato conquistará a oportunidade de trabalho que almeja. Há outros fatores que podem pesar para que o empregador decida fazer o convite para aquele candidato se integrar à equipe. Um deles é exatamente aquela variável mencionada no início deste capítulo, que será analisada em profundidade algumas linhas adiante: a indicação de alguém que já está trabalhando na área. Vamos imaginar a seguinte situação: dois candidatos, Luís e Pedro, almejam a mesma única vaga numa produtora de vídeo. Seus currículos são bastante parecidos, as experiências de ambos também são similares, o mesmo acontece com a formação acadêmica e a disposição para o trabalho.

Mas Pedro tem um trunfo a mais: ele é indicado por um profissional que o potencial empregador conhece e respeita. Qual dos dois conta com maiores chances de ser chamado? Provavelmente Pedro receberá a vaga. O que Luís deve fazer? Certamente não é desanimar. Mas entender a importância de ter uma network, ou seja ser conhecido no meio para que, quando uma situação como essa surgir, poder contar com a indicação de alguém, o que sempre faz diferença.

Insistir, mas com leveza

"Se a oportunidade não se materializar", diz Cíntia, "meu conselho é que as pessoas sejam persistentes, metam a cara, não desistam. sempre vale a pena insistir." Mas a própria Cíntia Calizotti explica que essa insistência deve ser feita com sabedoria, "do contrário o candidato ou candidata se transformará num chato que ninguém vai querer receber". Mas uma insistência leve pode fazer, como ela já testemunhou, que os empregadores se lembrem dessa pessoa quando surgir uma vaga que parece adequada ao seu perfil.

"O segredo é esperar um momento oportuno para abordar as pessoas", explica. "Isso pode ser num evento, como aqueles que a MGT promove, ou num seminário, reunião ou outro encontro em que diretores, gerentes e outros profissionais de empresas da área artística costumam frequentar." Estar presente ali, diante desses profissionais, é fundamental, pois é esse o momento em que o candidato pode fazer um contato direto, com olhos nos olhos.

Nesse momento, ele deve dizer que está disponível; que já conhece o projeto (sim, é importantíssimo pesquisar antes do encontro o que os profissionais com os quais ele vai falar costumam fazer); contar a sua própria experiência na área de interesse. Para resumir, apresentar-se com o melhor dos sorrisos e disposição para que as pessoas saibam que ele existe e está disposto a trabalhar.

Mas aqui cabe perguntar: como chegar perto desses potenciais empregadores? Como conseguir entrar nesses eventos ou até mesmo saber quando um congresso, seminário, workshop ou encontro vai acontecer? Quem pode nos dar a dica de que uma pessoa importante para conseguirmos uma chance nos bastidores estará num lugar onde seja possível termos acesso a ela e nos apresentarmos? Ou seja, é o que se indaga no primeiro parágrafo deste capítulo: como ter contatos e pessoas que poderão nos indicar a oportunidades de trabalho?

"Currículos bem escritos são uma boa forma de conseguir uma chance nos bastidores artísticos, mas não há como negar que ter uma indicação é algo que também irá pesar bastante no momento de seleção para uma vaga de trabalho", diz Cíntia Calizotti. "Mesmo quem não conhece ninguém na área pode desenvolver algumas estratégias para se aproximar das pessoas-chave desse negócio."

Uma delas, segundo explica Cíntia, é procurar informações sobre as pessoas nas mídias sociais. Há vários canais, mas alguns são mais qualificados para tratar de assuntos profissionais. O Linkedin, por exemplo, é um deles. Trata-se de uma rede social de negócios na qual os profissionais, além de apresentarem as atividades que já desenvolveram e estão desenvolvendo, também deixam ali os endereços eletrônicos em que podem ser contatados.

"É importante usar essas ferramentas que estão na internet, não só o Linkedin, como outras redes sociais", recomenda Cíntia. "Os profissionais usam essas redes para fazer negócio. Vamos imaginar um cameraman conhecido do mercado que trabalha em emissora ou produtora e colocou os seus dados no Linkedin. Por meio desse contato, um candidato envia o seu currículo, diz que tem interesse em conhecer de perto o trabalho, ou seja, se apresenta para o profissional."

Mesmo se esse cameraman não responder nada, ou der uma resposta curta e formal, ele terá registrado na sua memória que aquele candidato está disponível e ansioso por trabalhar na área. Então, em algum momento, surge uma oportunidade na produtora em que esse profissional trabalha. A chance de ele se lembrar daquele candidato é grande e poderá chamá-lo para entrevista. Essa é a essência de uma network. E, acreditem, uma pessoa com essa postura terá boas chances de alcançar bons resultados em sua busca por uma oportunidade de trabalho.

Nada é impossível

Se não é tão difícil assim ir a um evento artístico, a um festival de teatro ou de música por exemplo, e conseguir uns minutos para se apresentar aos diretores, figurinistas e outros profissionais da área, há alguns eventos mais restritos e dificultam o acesso a pessoas que não fazem parte das equipes. Gravações de novelas ou de filmes são um exemplo dessas atividades fechadas aos visitantes.

Mas, mesmo nesses casos, nada é impossível. Uma estratégia que pode dar resultado, no caso de uma gravação de um filme ou novela, é se inscrever para ser figurante – aquelas pessoas que participam de uma cena gravada, mas não têm nenhuma fala ou ação. Algumas emissoras e produtoras oferecem essa possibilidade em seus sites, e é possível inscrever-se para trabalhar como um extra, como também são chamados os figurantes. "Quando estiver no set de filmagens, não é difícil conversar com as pessoas, deixar um currículo ou fazer amizade com alguém que, no futuro, pode oferecer uma oportunidade de trabalho", ensina Cíntia.

Ela acredita que com criatividade, e um mínimo de desinibição, sempre será possível se aproximar do trabalho que o candidato espera alcançar. "Por que não fazer amizade com a secretária ou um auxiliar de uma produtora e pedir a ela que o apresente um dos diretores? Ou pedir para que faça chegar o seu currículo até os donos da agência ou solicitar uma oportunidade para conversar? Não há nada de errado ou condenável em fazer isso. Quem toma a iniciativa, pode muito bem ser recompensado."

Além de acompanhar de perto os sites das produtoras de vídeo, companhias de teatro e dança, emissoras de tevê, influenciadores da mídia, agências de modelos e outras áreas que podem gerar trabalhos nos bastidores, aqueles que desejam ingressar nessa indústria também devem ficar atentos a palestras e eventos, mesmo os que não são grandes. Essas atividades têm sido cada vez mais frequentes. "Acontecem palestras em shoppings e outros locais abertos ao público. Eventos assim tornam mais fácil o contato, não só com os palestrantes, como também com as pessoas da plateia, envolvidas naquela área", afirma Cíntia Calizotti. "Não só o palestrante ou quem ministra um workshop são fontes de oportunidade. Também os que assistem costumam ser do ramo. É só prestar atenção às intervenções que o público faz, as pessoas que falam alguma coisa sempre acabam dizendo o que fazem. No final da apresentação, por que não as procurar e fazer contatos?"

A maioria dos bons eventos, nos quais é possível fazer contatos, trocar experiências e, portanto, construir uma rede de contatos, estão concentrados em cidades grandes e médias. E isso pode ser uma dificuldade para quem reside em cidades menores, ou estados mais distantes das regiões Sul e Sudeste do País, onde estão os maiores centros urbanos. "Existem regiões em que não há eventos, nem cursos. E para quem mora nesses lugares, nem sempre é possível se deslocar para desfrutar dessas oportunidades", diz ela.

No entanto, essas dificuldades não devem fazer ninguém desanimar. Sempre haverá nesses lugares outras pessoas que também estarão interessadas em uma carreira nos bastidores artísticos. O que se pode fazer é mobilizar esses grupos e organizar um workshop. "É possível produzir uma pequena mostra de cinema ou convidar, por exemplo, alguém de uma produtora, um diretor de teatro, um roteirista, um produtor de elenco para fazer uma palestra na cidade. As pessoas gostam de passar sua experiência adiante, e a possibilidade de eles aceitarem o convite é grande", incentiva Cíntia. "E dessa maneira, vai-se construindo uma network."

Sete dicas para criar uma rede de relacionamentos valiosa para sua carreira

Participar de cursos e workshops é a primeira das sugestões que Cíntia Calizotti destacou nesta lista de dicas para que um candidato possa construir uma network que poderá levá-lo até os bastidores artísticos.

1. ***Participe de cursos e workshops qualificados*** – Há muitas iniciativas desse tipo, em todas as profissões artísticas, promovidas em vários lugares. Devemos, é claro, sempre nos inscrever e acompanhar aqueles que são ministrados por profissionais qualificados. Mas como saber se eles são sérios e relevantes? Com a internet tornou-se mais fácil verificar o histórico profissional dos palestrantes ou das instituições que promovem esses eventos. Ter referências de alguém que fez o curso desejado anteriormente é uma ótima ideia também. Mas é preciso ter cuidado com esses cursos. Alguns profissionais oferecem cursos e prometem que ao final haverá trabalho para aqueles que se inscreverem. É preciso manter os olhos abertos diante dessa afirmação! Isso pode ser enganação. Pesquise bastante antes de pagar por algo desse gênero. Isso poderá evitar decepções.
2. ***Crie contatos na área artística na qual você quer atuar*** – Tenha o seu currículo sempre atualizado em redes sociais profissionais, como o Linkedin, por exemplo. Essas redes são úteis nas duas direções: você mantém seu currículo ali, e assim pode ser encontrado pelos empregadores; e, também encontra várias informações sobre a trajetória profissional de pessoas da área de seu interesse que podem ser agregadas à sua network. Algumas vezes esses contatos disponíveis na mídia social não precisam ser explorados exclusivamente para pedir trabalho. Essas pessoas podem prestar esclarecimentos e dar informações sobre como é, na prática, trabalhar em uma área artística profissional específica.

Isso será de grande ajuda para alguém que está começando nos bastidores. Ela pode solicitar ao profissional que conte a sua história, como chegou até sua posição atual, que percalços costumam surgir. "Claro, há pessoas e pessoas, umas serão mais receptivas do que outras, mas sempre haverá alguém que ficará feliz em dar conselhos, contar como superou os desafios que apareceram", acredita Cíntia.

3. ***Participe de grupos temáticos na mídia social*** – Há grupos no Facebook, no WhatsApp e em outras redes sociais que foram criados para servir de fórum e encontro de profissionais de determinadas áreas artísticas. Neles é possível acompanhar novidades tecnológicas, workshops, apresentações, ofertas de trabalho e saber o que está acontecendo de novo na área de sua preferência. Além disso, as redes servem como vitrine para os profissionais. A própria Cíntia conta que já conseguiu encontrar profissionais como fotógrafos e câmeras em cidades menores, onde ela não possuía contatos, graças ao Facebook. E já que estamos falando de Facebook, nunca é demais lembrar que nas redes sociais é cada vez menor a separação entre o profissional e o pessoal. Isso quer dizer que é preciso estar atento para o que postamos nos nossos perfis.

   "Se alguém vai fechar um negócio comigo, ou se eu peço uma oportunidade de trabalho para uma pessoa, a primeira coisa que ela irá fazer é procurar o nome Cíntia Calizotti no Facebook ou no Instagram. Portanto, as postagens que eu faço na rede são informações que irão servir para que a pessoa trace uma imagem a meu respeito. Sendo assim, o melhor é evitar temas polêmicos, postagens agressivas ou que relatem questões muito íntimas", explica Cíntia. Participar de redes sociais é uma forma interessante para se fazer presente perante os profissionais da área na qual se deseja atuar. "A pessoa que quer criar network tem que ser vista pelos demais, precisa estar um pouquinho em cada lugar."

4. ***Não tem grupo na sua especialidade? Crie um, você mesmo*** – Assim como alguém que vive em cidade pequena, onde não há eventos relacionados às profissões artísticas, é encorajado a criar um grupo de conhecidos que compartilhe os mesmos interesses, essa dica também faz sentido para quem não encontra uma comunidade na internet voltada para a

profissão de seus sonhos. Essa iniciativa certamente irá ajudar a encontrar pessoas da área que vão começar a seguir você e ampliar o seu conhecimento e possibilidades. Compartilhar conhecimento é uma das melhores formas de montar uma network.

"Com a internet, nós vamos para onde quisermos", afirma Cíntia. "Uma mostra de como a rede supera fronteiras e limites me foi dada quando estávamos fazendo uma seleção de talentos em Manaus. Entre as pessoas que vieram para a seleção, havia participantes que moravam em uma aldeia indígena, distante três horas de barco do local em que estávamos. Eles possuíam acesso à internet e foi por meio dela que ficaram sabendo da seleção. Achei isso maravilhoso."

5. ***Os eventos estão em toda parte*** – Não devemos considerar que apenas os grandes acontecimentos artísticos como o São Paulo Fashion Week, o Fashion Rio, o Minas Trend ou o Rock in Rio e o Lollapalooza são relevantes para que possamos encontrar profissionais interessantes para constar na nossa network. Claro, esses são eventos de enorme importância, mas há inúmeros outros, de menor porte, realizados em cidades menores, nos seus shoppings, galerias, clubes e em vários outros lugares. Também nesses eventos mais modestos é possível encontrar pessoas que podem fazer diferença para a sua carreira.
6. ***Fazer trabalhos, remunerados ou não, fixos ou esporádico na área em que deseja atuar*** – Esse é um ponto polêmico: trabalhar de graça para alguém ou para uma empresa. Parece um convite à exploração da mão de obra, não é? Sim, isso pode acontecer. Alguém desonesto pode querer valer-se da ingenuidade de um candidato ou da ansiedade dele em conseguir um trabalho para explorar o seu esforço sem pagar nada em troca. Essa é uma situação inaceitável, e encorajamos quem for vítima desse golpe a denunciar essa

prática às autoridades encarregadas do cumprimento da legislação trabalhista.

Mas sabemos como é difícil para alguém sem qualquer experiência conquistar seu primeiro trabalho. É possível um acordo com um empregador para o qual a pessoa trabalhe por um período determinado de experiência e receba uma pequena ajuda de custo em troca. É uma bela chance de mostrar suas possibilidades e até mesmo checar se aquele tipo de trabalho é no que ela quer de fato se engajar. "A legislação trabalhista considera três meses como prazo de experiência, mas se passar desse tempo, já é hora de acender o sinal vermelho, pois isso será abuso e exploração", diz Cíntia. "Mas, quando conduzida com honestidade e correção, essa é uma experiência que pode ser rica, uma estratégia para a pessoa ter a oportunidade de mostrar o profissional que é e eventualmente ser contratada. Se não conseguir o trabalho efetivo, pelo menos é possível conhecer pessoas e montar uma network nesse período."

7. ***Seguir os ídolos*** – Seguir pessoas renomadas e muito admiradas em suas áreas é uma dica que também tem um componente profissional. Não tem importância você ser um fã dos mais empolgados pelo seu profissional preferido. Pode ser fã de carteirinha, ter a foto dele na parede ou na tela inicial do seu celular. Mas vá além disso. O que se propõe aqui é acompanhar a trajetória desse profissional com olhos também profissionais. No que ele inova? Quais são as fontes de inspiração para o trabalho dele? Que cursos ele fez, quais informações e experiências ele obteve em sua carreira para se transformar em alguém de sucesso e que desperta a atenção das pessoas? Como ele enfrentou os desafios e deu a volta por cima? Preste atenção à forma como ele se relaciona com as pessoas.

Cíntia Calizotti traz um exemplo: "imagine um videomaker que é referência no mercado e você o admira.

Inscreva-se no perfil, página ou blogue em que ele mantém na rede social, passe a segui-lo e isso irá equivaler a um curso gratuito de videomaking. Você irá saber das tendências da área, dos novos equipamentos que surgirem, de quem está fazendo o quê nesse mercado. Não há professor melhor do que esse."

Posturas mentais

Todas essas sugestões que Cíntia nos traz são preciosas e muito práticas e convidam as pessoas a assumirem uma postura que eu, Marcelo Germano, considero fundamental, que é tomar a iniciativa e não ficar à espera de que os fatos ou outras pessoas surjam diante de si para atender aos seus desejos. Complemento estas sugestões com uma lista de dicas que abordam, no entanto, um aspecto mais subjetivo e que prioriza posturas mentais e emocionais capazes de contribuir para você construir boas relações e conquistar seu espaço nos bastidores.

São questões que surgiram de reflexões que fiz a partir de dificuldades e dúvidas que experienciei ao longo da minha trajetória. Aqui estão elas:

- ***Não faça coisas obrigado*** – É comum que em algum momento alguém fale para você fazer algo que será "bom para a sua carreira", mas essa coisa tão importante é algo que você definitivamente não quer fazer. Por exemplo: "Vai ter uma grande festa de uma marca muito famosa de roupa, você tem de ir lá!". Mas você não gosta de festas, de ficar correndo atrás das pessoas. Nem que seja para fazer um networking. Meu conselho é: não vá! Você vai chegar lá, ficar contrariado, quieto num canto e todos vão perceber o seu incômodo. Só faça algo com o coração aberto e em coisas que estejam alinhadas com os seus valores.

- ***Fale sempre, mas não fale de tudo*** – É um erro não se posicionar sobre assuntos da sua área de atuação. Vai parecer que você não tem opinião própria ou está desinformado. Diga por que você está na área artística, quais são seus objetivos, em que você acredita. Falar sobre isso é ótimo. Mas não expresse a sua opinião sobre assuntos polêmicos. Religião, política, futebol, economia. Isso costuma não trazer nada de bom. As pessoas que o seguem estão procurando suas opiniões de especialista em moda, teatro, música ou outras artes. Se você não é teólogo, técnico de futebol, economista ou político, não fale sobre esses assuntos. Só vai criar confusão.
- ***Cuidado para não deixar de acreditar em si mesmo*** – Enfrentei esse problema. Pensava que as pessoas eram mais importantes do que eu e isso me gerava insegurança, não acreditava em mim. Esse pensamento, no entanto, era uma mentira, aprendi mais tarde. Era algo que o meu cérebro teimava em criar, me enganando. Com o tempo, você vai se dedicando a cursos, estudando muito, tendo experiências e isso dá a você autoridade e segurança em se expressar e se relacionar com os outros. Quando criança, sempre ouvia de um tio querido: "Marcelo, leia sobre tudo, saiba sobre muitas coisas, assim você vai saber conversar". Ele tinha toda razão. Quando nos informamos de maneira continuada, passamos a ser ouvidos e respeitados e, com isso, nossos medos desaparecem.
- ***Não deixe a soberba te destruir*** – Em algum momento da sua carreira, você poderá tornar-se alguém admirado, seguido e ouvido por milhares de pessoas. Este pode ser um momento perigoso. É preciso lembrar que essas pessoas que seguem e admiram você são as que realmente importam e garantem o seu sucesso. Por isso, não perca a humildade, não deixe que essa posição momentânea que você está desfrutando o destrua. Agindo assim, você pode perder relacionamentos importantes para a sua caminhada.

- ***Não se esqueça de onde você veio*** – Esta dica tem relação com a anterior. De que maneira eu posso manter a minha humildade à medida que eu vá me tornando alguém conhecido e querido pelos outros? O que eu faço é nunca me esquecer das minhas origens, não me afastar da minha tribo. Estou sempre em contato com as pessoas que participaram do meu crescimento pessoal e profissional no passado. Ou seja, se você veio de uma comunidade humilde, esteja sempre próximo a ela. Traga benfeitorias para a sua gente, não a desprestigie. Dessa maneira, você nunca se perderá da sua origem.
- ***Ouça mais, fale menos*** – Até que ponto, quando conversamos com alguém, estamos realmente interessados no que ela está dizendo, ou só esperamos a pessoa parar de falar para poder contar as nossas coisas? Se passarmos a escutar as pessoas completamente presentes e interessados, de coração, no que elas estão dizendo a respeito delas, pequenos milagres começarão a acontecer. Teremos um bom relacionamento com todos, eles também irão se interessar pelo que temos a dizer. Nossas conversas sempre serão significativas e, como consequência, irão trazer resultados inclusive no plano profissional.
- ***Seja ousado, mas na hora certa*** – Conhece a expressão "seja ousado, porque o não você já tem"? Ela é superverdadeira. No entanto, a ousadia só traz bons frutos quando praticada na hora certa. Não devemos ter medo de nos apresentar, pedir oportunidade, mostrar nossos projetos. Mas se as pessoas com as quais queremos interagir não puderem, ou não quiserem nos ouvir, devemos esperar um momento mais adequado. Tem de ser bom para as duas partes. Estude sempre o outro. Se você vai a uma reunião com uma pessoa, ou tentar manter um contato, estude antes as necessidades que ela tem. Mas estude com verdade. O que o negócio dele está precisando? Qual é a dor dessa pessoa? Se você acredita ter o remédio, ali estará estabelecida a conexão.

- ***As pessoas nunca vão ser como você gostaria que elas fossem*** – Sempre falo brincando com a minha esposa: "Simone, se a gente ficar selecionando as pessoas com quem queremos nos relacionar, vamos ficar sem nenhum amigo." O que eu quero dizer é que não devemos ter a ilusão de que as pessoas serão perfeitas, nunca farão nada desagradável, sempre se comportarão do jeito que quisermos. Todos nós (sim, vamos frisar, também nós) temos falhas, um dia de mau humor, de tristeza, de irritação. Devemos respeitar a maneira de ser das pessoas e não nos deixar levar por julgamentos apressados que nos afastem uns dos outros. E torcer para que eles também ajam dessa maneira conosco.
- ***Não ande sozinho*** – Precisamos das pessoas. Precisamos andar com gente boa. Dizem que nós somos a média das cinco pessoas com quem convivemos mais de perto. Ou seja, nos deixamos influenciar pelas companhias, sejam elas boas ou más. Portanto, é preciso escolher aqueles de quem estamos próximos de maneira inteligente. Sugiro que, para termos um círculo de relacionamentos que nos engrandeça, que façamos reuniões, participemos de eventos nos quais estejam pessoas que sintam as mesmas necessidades e tenham os mesmos desafios que nós. Nesses relacionamentos você poderá encontrar boas ideias, associar-se com pessoas produtivas ou encontrar um ombro compreensivo para chorarem juntos, embora esse choro deva ser sempre curto. Gente sempre faz diferença e pode nos oferecer soluções que jamais imaginaríamos, se estivéssemos sozinhos.

Sonhos reais

Aqui neste capítulo, falamos da necessidade de estabelecer bons contatos com especialistas em bastidores artísticos; de como se apresentar diante das oportunidades; da importância de buscar cursos e especializações; de como, em alguns momentos, se envolver em um estágio, inclusive sem nada ganhar, pode ser significativo. Também tratamos dos traços de personalidade mais indicados para sermos vistos com simpatia pelos empregadores, nossos pares e o mercado.

Todos os conselhos, deste e de outros capítulos, vieram do meu coração, do meu desejo de retribuir as inúmeras oportunidades e os acolhimentos que recebi ao longo da minha trajetória. Eu os testei na prática do dia a dia, no mundo real. Eles me ajudaram a lidar com os meus desafios profissionais e a viver muitos momentos de grande sucesso e satisfação. Tenho certeza de que você, que me acompanhou até aqui, ao colocar em movimento o que proponho, terá grande chance de conquistar os seus sonhos nesse amplo universo que são os bastidores das profissões artísticas.

Marcelo Germano nos bastidores do maior evento
de talentos do mundo – MGT O Encontro

Bastidores do Maior Evento de Talentos

Bastidores da Moda - Controle de Som – MGT O Encontro

Atrás dos palcos do
– MGT O Encontro

Bastidores de Palco
– MGT O Encontro

Bastidores da Moda – Aula de passarela com Marcelo Germano

Bastidores da Moda – Booker

Bastidores da Moda – Diferentes profissionais da moda assistem desfile

Bastidores da Moda - Fotógrafos – MGT O Encontro

Bastidores da Moda - Maquiadora – MGT O Encontro

Bastidores da Televisão

Bastidores da Televisão – Cabeleireiro – Claudio Victor

Bastidores da Televisão – Camarim

Bastidores da Televisão – Teste de câmera no MGT O Encontro

Bastidores da Televisão – Estúdios de filmagem

Bastidores da Televisão - Continuísta - Leonardo Gonçalves

Bastidores da Televisão – Estúdios de filmagem

Bastidores do Teatro Musical

Bastidores do Teatro Musical – Teste de iluminação

Bastidores da Música – Preparação de instrumento por *roadie*

Bastidores da Dança – Aula de Ballet

Bastidores da Dança – Escola Bolshoi atrás dos palcos

Bastidores da Dança – Escola Bolshoi atrás dos palcos

Bastidores do Cinema – Escola Internacional de Cinema

Bastidores do Cinema – Escola Internacional de Cinema

Bastidores do Cinema – Escola Internacional de Cinema

Bastidores do Mundo Digital

Bastidores do Cinema – Escola Internacional de Cinema

Bastidores do Cinema – Espaço de direção

Bastidores do Teatro – Preparação de palco e auditório

Bastidores do Teatro –Equipamento de iluminação

Bastidores do Teatro – Criação de figurino para espetáculo – Felchak Produções

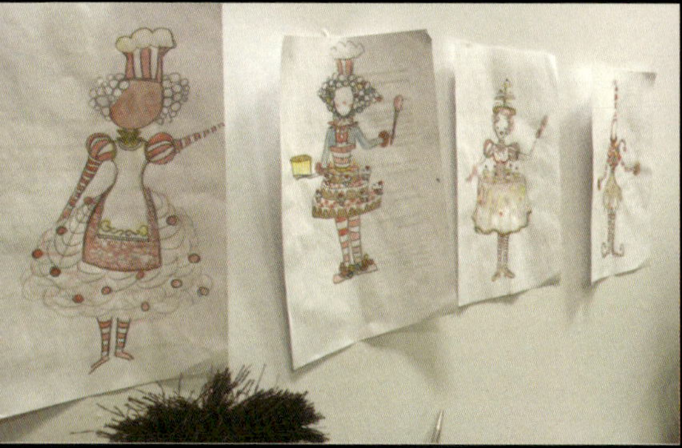

Bastidores do Teatro – Desenhos para concepção de figurino para espetáculos – Felchak Produções

Bastidores do Teatro – Criação de figurino – Felchak Produções

Bastidores do Teatro –
Desenhista de figurino –
Felchak Produções

Bastidores do Teatro –
Figurinos para espetáculo
– Felchak Produções

Bastidores do Teatro – Maquiagem artística para espetáculo de teatro – Felchak Produções

Bastidores do Teatro –Espetáculo MGT O Encontro – Felchak Produções

Bastidores do Teatro Musical – Espetáculo GODSPELL – O Musical da Broadway – 2018 – Direção de André Gress – Fotos de Iara Pereira